与最聪明的人共同进化

新 CHEERS

HERE COMES EVERYBODY

CHEERS
湛庐

笑得出来的养育

李一诺 著

浙江教育出版社·杭州

如何在笑声中实现轻松养育？

扫码加入书架
领取阅读激励

扫码获取全部测试题及答案，
和李一诺一起乐呵养娃、
笑对生活

- 什么是高质量的陪伴？（单选题）
  A. 时间长的陪伴
  B. 游戏丰富的陪伴
  C. 具有教育价值的陪伴
  D. 在互动中处于愉悦状态的陪伴

- 父母心底的爱，转化成行为时往往变成了要求、胁迫，甚至道德绑架。为了避免这种转化，父母的首要任务是什么？（单选题）
  A. 温和地和孩子讲道理
  B. 为孩子创造愉悦的环境
  C. 在行动前关注孩子的感受
  D. 在孩子遵守规则时给予奖励

- 对学龄前孩子来说，大脑发育最有益的"营养剂"是什么？（单选题）
  A. 开怀大笑
  B. 认真专注
  C. 谨慎行事
  D. 勤学好问

扫描左侧二维码查看本书更多测试题

你上一次和孩子一起大笑,是什么时候?

一张家庭照片，美好的笑容定格在那一秒。

成年人脸上浮现出笑容，不一定是真的快乐；
内心是否轻松，只有我们自己知道。

轻松，不是没有困境，没有烦恼，
而是知道哪怕有困境，哪怕有烦恼，哪怕自己做得很糟糕，
也不会改变，我们是亿万分之一的幸运儿，
能和孩子相遇这一场。

做错了，没关系。我们没有经验嘛！

所以不需要自责，只需要允许自己
随时重新开始。

前言——

笑出来，不容易

怎么还笑得出来

如果用一个词来形容做父母的，恐怕是"苦不堪言"吧。

像我自己：为了腾出时间写这本书，不得不在几个周末，托朋友把孩子带出去玩。

也就是说，为了写一本育儿书，我需要"暂停"育儿一段时间。

我知道，这挺可笑，但又笑不出来。

这种笑不出来的可笑，便是做父母的真相。

因为做父母，特别是做母亲，是一份"三无工作"：无休止，无报酬，无限责任。

这"三无工作"，让每一个凡人，在生活的泥沼和情绪的漩

笑得出来的养育

IV

涡里,刚爬出来,又掉进去……无穷尽也。

伟大梦想放不下,
鸡毛蒜皮躲不过。

时间不够,精力不够,钱不够;
不够强壮,不够能干,不够平和;
再怎么做,似乎也做得不够多、不够好。
在这种现实里,怎么能笑得出来呢?

但是,但是,
让我们停下来,想一想:
**如果笑不出来,那我们活这一世,养孩子这一遭,
图什么呢?**

笑不出来也得笑

是啊,图什么呢?

图孩子读好学校吗?
图孩子将来有一份好工作吗?
图财富吗?
图房子吗?

前 言　笑出来，不容易

图生活稳定吗？

这些都很重要，但是，
如果仅为了这些而不断受苦，那……
什么时候才可以开心呢？

难道要等某个来世吗？
有来世吗？
我不知道。

但眼前，
这一刻的生活，
这一刻的孩子，是真真切切的，
也是唯一真切的。

既然是唯一真切的，如果没有真的开心，如果笑不出来，
那么不管"有"了什么，都是不成功的。
你说是不？

"笑"的能力，其实是每个人都有的，
只是生活太苦、太累，我们常常忘记。
孩子来到我们的生命里，来到这个世界上，
如果有"使命"的话，我想其中一个一定是来提醒我们：
别忘。

我凭什么写

写这本书，我经历了两年的内心挣扎和犹豫。

你凭什么写？

别人为什么要看？

你是教育家吗？

你的孩子已经"成功"了吗？考上哈佛大学了吗？得世界冠军了吗？

显然没有。

"一土教育"做了 8 年，真实的感受是灰头土脸。

自己的 3 个孩子——安迪 13 岁，鲁迪 11 岁，一迪 9 岁，都是最普通的样子。

如果孩子们知道我在写这本书，肯定会说：

"啊？你？！圣海伦火山？"

圣海伦火山，位于美国华盛顿州的腹地，在 1980 年有过一次震撼世界的大爆发，爆发威力之大，以至于整个山头都被夷为平地。现在，这座山远看呈现出一种独特的梯形轮廓，没有山峰。

不仅没有山峰，顶部还有个大坑。

孩子们说我发火的时候就像圣海伦火山喷发。

他们时常问我："你能不化身成圣海伦火山吗？"

以至于一旦觉察到我有发火的苗头，鲁迪就会打开水龙头，两手蘸水轻拍我的额头，同时嘴里念念有词："不要爆发，不要爆发。"

前　言　笑出来，不容易

▲ 圣海伦火山

嗯，是管用的，
偶尔。

其实，这座被炸飞了顶的火山已经是进阶版本了，更早的版本是微波炉清洗器——
安迪七八岁的时候提出的。
那天，我带安迪去超市采购，他突然神秘兮兮地靠近我耳边说："妈妈，你就是个微波炉清洗器。"
我莫名其妙，完全不知所云，一看才知道是这样一个东西。
很想笑，又难免觉得被羞辱！
如此这般，我得背着他们偷偷地写。
但又不敢在书里撒谎，毕竟他们迟早会洞悉一切，
若是信口开河，会被秋后算账的。
所以，凭什么写？

笑得出来的养育

VIII

大概是因为脸皮厚吧。

实在找不到别的更合适的理由了。

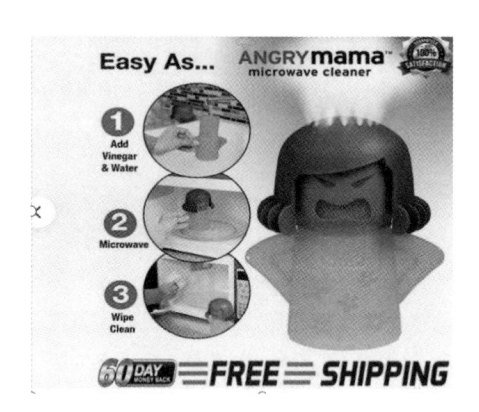

▲ 微波炉清洗器

你为什么要看

作为读者,你为什么要看?

因为,

我在育儿方面虽然没有什么耀眼的成绩,

但至少,

笑得出来吧。

不仅自己笑得出来,和我在一起的孩子也笑得出来。

前　言　笑出来，不容易

当然，除去"清洗微波炉"和"火山爆发"的时候。

而且，我得说，咱至少做到了，

哪怕是微波炉清洗器和被炸飞了顶的火山，也是可以被孩子取笑的。

脸皮厚的我，认为这也不失为一种成功。

安迪得知我在写书，说："妈妈，你这么爱发火，还写书，不就像一个 300 斤的胖子，教人瘦身吗？"

我说："可不嘛！那怎么办呢？我已经答应写了呀！"

他说：

> 其实，也不是完全没有希望。
>
> 你知道吗？美国拉斯维加斯有一家餐厅名叫心脏病烧烤（Heart Attack Grill），是一家汉堡店。这家餐厅很有意思，所有食物都非常不健康，高油、高热量，吃了会得心脏病。餐厅最大特色，就是体重超过 150 公斤的人，所有食物免费吃。还真有很多人去吃，也确有好几个人因此死于心脏病。这个餐馆定位很糟糕，名声也超级差。但是，它也的确从反面教育了很多人，要注意健康饮食呢！
>
> 所以，你的书，也许可以有这个功效？

我一听，好嘛，以毒攻毒啊。

笑得出来的养育
X

嗯！我看行！

这也许是为什么你可以看此书的第一个原因。

第二个原因：

自 2019 年年底开始，受新冠疫情影响，基本是我独自带三个孩子，还得工作。

虽然这几年我妈妈帮了大忙，但是整体情况还是比较艰难的。

疫情防控期间，我们还搬了好几次家。最后一次，我先把妈妈和孩子们送去新房子，然后一个人开车来回折腾了 9 趟，从老家搬东西到新家。虽然每次都有妈妈和孩子们帮忙卸货归置，但仍然疲惫不堪。最后几次搬运，开到之后得在车里歇老半天，才有力气下来。

生活中，这种例子比比皆是。

若此，家里依然笑声不断。

以至于有一次我和妈妈视频，妈妈旁边的一个朋友问："你们说什么呢，这么乐？"

我妈说："说废话呢。"

嗯，说废话，乐。

我觉得这也是一个重要的本事。

最近的一段废话：

孩子们放学回家，11 岁的鲁迪忍不住笑地告诉我：

前　言　笑出来，不容易

"妈妈，妈妈，你知道吗，我今天在地铁上，那个……打了一个超级大的嗝，特别响！我没想到会这么响！好多人回头看我，我只能转转眼睛，假装不是我干的。"鲁迪边说边忍不住咯咯地笑。妹妹一迪也在旁边添油加醋，我听了也觉得超级好笑，问："那到底有多响？"他重演了一遍，果然效果惊人，我们又一起乐了半天。

别走，还有第三个原因：
除了自己的孩子，我也特别受其他孩子的欢迎。
只要给我 5 分钟和孩子相处，
保准 100% 俘获孩子的心。
5 岁以下尤其擅长，不论肤色和语言；
9 岁以下也还可以；
13 岁以上的，对我也还不是很嫌弃。

这里允许我自夸一下，
　　因为我认为，5 岁以下组，是难度最高组。他们才不管你那些外在的标签，什么学历、工作……
　　如果喜欢你，就是喜欢你。
　　如果不喜欢你，根本就不理你！
　　所以 5 岁以下的孩子是试金石。
　　13 岁的孩子嘛，家长如果说这是一诺阿姨，可能还假装对你热情一下……

如果你的周围有一个甚至几个不同年龄的孩子，一定别浪费，
可以借他们的眼睛和笑声帮你"穿透性识人"。
他们喜欢的人，是相对清澈、清爽的，
比方说我。（谦虚地清清嗓子）
所以有这三个原因傍身，可以看看这本书？

目 录

前言 ｜ 笑出来，不容易

怎么还笑得出来

笑不出来也得笑

我凭什么写

你为什么要看

第一部分
笑一个看看

第1章 ｜ 会笑，是高阶能力   003

孩子喜欢什么样的人   003

和孩子一起，玩什么   004

玩，需要玩具吗   006

哄小孩子可以，大孩子呢   008

今日份的笑   011

第2章 | 为什么笑不出来　　　　　　　　　015

做父母,精神分裂式的存在　　　　　　　015
笑不出来,不是你的错　　　　　　　　　017
育儿是天底下最高级的工作　　　　　　　018
父母的"不容易",很具体　　　　　　　　021
如何养育,知道也很难做到　　　　　　　022

第3章 | 理解儿童　　　　　　　　　　025

儿童不是小号的成年人　　　　　　　　　025
矛盾一:想象世界 vs. 现实世界　　　　　026
矛盾二:用身体表达 vs. 用语言表达　　　031
今天就可以用的方法　　　　　　　　　　034
❤ 说说心里话:就这么6 000天　　　　　041

第二部分
专治笑不出来

第4章 | 改下脑回路　　　　　　　　　051

三个最重要,也是最难改的回路　　　　　051
一、从"别处"到"当下"　　　　　　　　052

目 录

二、从"匮乏"到"充盈" … 058
三、从"逃离"到"入局" … 060
超级神器一：用好"三界" … 067
超级神器二：设置"特权" … 071
♥ 说说心里话：每个家庭，都需要一个ZZ … 075

第5章 | 破除"扫兴父母"的魔咒 … 081
"爱"怎么就变成了"痛苦" … 081
一、不提要求，而给力量 … 083
二、永远和孩子站一边 … 084
三、讲道理就是欺负孩子 … 087
四、快乐从"打破规则"而来 … 089
变果汁的魔法师 … 090
不要误解"接纳" … 092
♥ 说说心里话：那些育儿理念，曾经离我很远 … 096

第6章 | 养好孩子，给他7个"充分"能力 … 113
整理生活的能力 … 114
面对未知的能力 … 120
深度学习的能力 … 123
非暴力沟通能力 … 125
说服别人的能力 … 127

认知金钱的能力	135
面对自我的能力	140
支持孩子的 5 个简单抓手	141
♥ 说说心里话：AI时代，有效学习是什么样的	143

第三部分
那些让我们笑不出来的难题

第7章 ｜ 生气，不是你的错　　　　　　　　　　157

不公平的世界	157
当孩子叫一百遍"妈妈"	159
那些被恐惧扼住咽喉的时刻	160
♥ 说说心里话：生活的另外99帧	164

第8章 ｜ 那些棘手的问题（成年人版）　　　　　178

时间和能量都不够，怎么陪伴孩子	178
如何面对没完没了的问题	180
如何"从小问题出发"	181
如何面对生活的一地鸡毛	183
状态不好，没耐心怎么办	185

发火伤到孩子，感到内疚怎么办	187
做家务太累了，怎么办	191
育儿观念有冲突，怎么办	193
不会带孩子玩，怎么办	194
♥ 说说心里话：钝感中年	197

第9章 ｜ 那些棘手的问题（儿童版） 203

没有这一点，谈不上高质量陪伴	203
孩子有坏情绪，怎么办	204
接纳"坏情绪"，就是一直忍让吗	205
子女之间闹矛盾，怎么办	208
如何平衡对孩子的爱	214
孩子对电子产品上瘾，怎么办	218
什么时候应该出手帮助孩子	223
吹牛时间	224

第四部分
看见真相，轻松养育

第10章 ｜ 怎么就丧失了笑的能力 229

问题是孩子带来的吗	229

"隐形图案"从何而来	231
如何面对"自我的惯性"	234
养育的终点在哪里	236
我们追求的幸福和成功呢	239
每个孩子的内心，都是一片深海	242
教育的三个层次	244
♥ 说说心里话：我们为什么爱她	246

第11章 ｜ 轮回里看到自己　　252

从《爱弥儿》说起	252
一个个体记录	254
中年才能理解妈妈	260
我妈妈的教育"三板斧"	263
♥ 说说心里话：那些回忆里的"珍珠"	269

第12章 ｜ 专治笑不出来　　277

今天，你大笑了吗	277
孩子有要求？每次都答应	279
做父母，去第三层	282
抱20次！亲100万次	283
手机屏保，换张"特别"的照片	283

目 录

问孩子一个"神秘"问题	284
"会出声的身体"	285
有些累了? 躺下来看看	285
闹矛盾了,"请你提个意见?"	286
让我选一个? 我只选你	287
试试比孩子还伤心	287
养育,学学农民	288
每一天都是新的开始	288
最后,幽默一下	289
❤ 说说心里话:时光的缝隙里,那耀眼的光	295

写在最后 ǀ 了不起的努力	311
附录 ǀ 给宝贝的一首小诗	313

本书写的,不是对教育高线的探索,而是对教育底线的维护。

读完之后,希望你能认同,其实"底线"就是"高线"。

第一部分 笑一个看看

做父母的真相,
似乎是在一个个生活的泥沼和情绪的漩涡里
进进出出,无穷尽也……

但另一个真相是,
这些漩涡串联起来,
是我们独一无二,一去不复返的人生。

如果人生就这样度过,是不是心有不甘?
说好的欢声笑语呢?

那,我们是不是得想想办法,
让自己和孩子,
能笑得出来?

第1章

会笑，是高阶能力

孩子喜欢什么样的人

妞妞今年 5 岁了，妈妈一个人带她。

三四岁大的时候，开始来我家玩。

我喜欢她，她喜欢我，以至于我说她是我的老四。

于是一迪很嫉妒，说："不是的，你是我的妈妈！"

我赶紧抱住一迪，那是当然的！

然后我们开始探讨，你觉得为什么妞妞这么喜欢"妈妈"？

一迪说：

因为你和她玩！很多大人都不和孩子玩！

哈，是啊，好多孩子好可怜的，大人不和他们玩。所以妈妈和她玩，可以吗？

"可以，但是也要和我玩！"一迪说。

哈哈，遵命！

孩子的语言，是"玩"，
成年人的语言，才是"语言"。
孩子比我们有趣多了，
孩子喜欢愿意陪他们玩的成年人。

就是这么简单。

和孩子一起，玩什么

朱利安今年 5 岁了，也是 3 岁多开始来我家玩。

他最喜欢我和他玩的，是烤肉游戏。

我坐在地上抱着他，问：

"今天洗澡了没有？有没有洗干净？我今天要烤了你吃呢！"

他会很认真地说："嗯！洗干净了！"

我闻一闻，煞有介事地表示满意："嗯，真香，不错。"

于是我张开双臂，像一口大锅，把他圈在里面，开始"放佐料"：撒点盐，撒点胡椒；放点葱，放点姜。

这时候朱利安会说："还要放点粑粑。"

我很认真地问："啊，放粑粑会好吃吗？我还没试过呢。"

朱利安会说："嗯！很好吃！"

我将信将疑："好吧，那我们试试。"

朱利安很努力地憋笑。

然后我就放上一点"粑粑"，开始烤，一边晃"锅"，一边嘴

第1章 会笑，是高阶能力

里念念有词：

烤呀烤呀烤个肉肉！

烤呀烤呀烤个肉肉！

"锅"有点累了，说：

"我累了，先放在火上烤一会儿，待会儿醒来就可以吃了！"

然后，"锅"就睡着了，开始打呼噜。

这时候，这块"肉"就从"锅"里挣脱出来，高兴地跑出去藏起来。

一会儿，"锅"大梦初醒，非常震惊，啊？！我的肉呢？！跑哪里去了，我的肉！

"锅"开始满屋子找，"肉"满屋子跑，直到被"锅"抓住。

重新开始"烤"。

这个游戏，至少玩了上百次，孩子从来不嫌重复。每次见到我，都会说："一诺，可以烤肉吗？"（嗯，连"一诺阿姨"都不叫！）

还可以有各种变种：

可以好几个小孩子一起"烤"，可以天马行空地加各种"佐料"，加点土，加点蜡笔……

哎哟，这个味道不好吧？

嗯，试试，

然后，哈哈大笑。

玩，需要玩具吗

要，也不要。
要，是因为有点道具可以加更多的戏，
不要，是因为其实什么都可以是玩具。

托亚3岁多。第一次见面，他有点害羞。妈妈带他来给我和一迪送东西，然后我们一起去地铁站。

要走一公里。他很烦，大人说的话，他觉得好没意思。

有这么一个不配合的3岁小娃，妈妈有点不好意思。

于是，我在马路边找了一根树枝，把一头给他，一头放在我自己手里，蹲下跟他说：

"现在我们是一列小火车。你是司机，你往前推，阿姨就往前走；你往后拉，我就停下来。你要拐弯，就把树枝向左或向右转，好吗？"

他点点头。

"阿姨只是个车厢，不是火车头，不知道方向哦，就靠你指挥了！"我说。

托亚很认真地点点头，马上理解了自己肩负的重任！

旁边9岁的一迪会心一笑，她很熟悉，毕竟当过太多次这样的"火车司机"了。

我和他的妈妈继续聊天，重点是要记得自己"没有眼睛"。

一旦走到路口，我就会停下来装作无助地喊：现在往哪里走啊？！

每次小树枝都传来信号，往前、向左或者向右。

托亚宝贝认真的样子好可爱，我又觉得好感动。

孩子就是这样的，

你交给他们的事，

只要带着尊重和信任，

他们便会全身心地投入去做，毫无保留。

那认真的小样子，那用力想要保护你的小样子，每每想起，都让人感动得想落泪。

一迪很熟悉这个游戏，而且玩过各种进阶的花样：

踩鞋后跟就是刹车，往前捅两下就是加速，往后拉两下就是急停……编起花样来永无止境。

我们就这样，走过很多路。

很远的路，很长的路，孩子都可以走。

晚上，托亚妈妈给我发信息：今天回来洗完澡就睡了，睡得特别沉，说下次还要和一诺阿姨玩。

看，又成功地通过了5岁以下孩子的测试。

所以看在我表现如此"优异"的份上，看看这本书呗？

因为小娃娃是不会撒谎的，

是吧？

哄小孩子可以，大孩子呢

其实，谁不喜欢笑呢？
别说大孩子，
成年人不喜欢笑吗？
老年人不喜欢笑吗？
年纪大了，就不会笑了吗？
当然不是。

安迪不到 14 岁，身高已经超过一米七了。
他经常会给我分享一些搞笑的历史事件，比如下面这个：

> 1714 年，在与英国的一场海战中，丹麦战船指挥官彼得·托登肖尔（Peter Tordenskjold）凭借他的狡猾与胆识一举成为传奇。他指挥的战船与实力更强大的英国舰只持续激战了十几个小时，就耗尽了船上全部的炮弹。面对这种窘境，托登肖尔升起白旗，亲自登上了英国舰。英国舰舰长以为他是来投降的，下令停火，却惊讶地听到托登肖尔请求借些炮弹以便继续交战。
> 当然，他的这一请求被拒绝了，但英国人对这样的战斗意志感到钦佩，最终双方都选择了撤退。

我听了这样的故事后，既觉得不可思议、大开眼界，又觉得好笑得很！

第1章　会笑，是高阶能力

安迪还是个兵器迷。松本城，这个曾经的日本古城现在变成了旅游胜地，我们去逛城里的一个小博物馆。馆里陈列着日本内战时期的武器——很多原来是欧洲发明后传到日本的。我对这些历史知之甚少，看着那些古武器，觉得没什么意思。安迪就不一样了，看得两眼放光，特别是看到那些平时只能在书上见到的火枪时，兴奋不已，于是拽着我不厌其烦地讲这些武器的来龙去脉。鲁迪和一迪觉得没意思，跟朋友先溜了。安迪讲得滔滔不绝。我开始还试着聆听，但他知道的实在太多了，过了一个小时还在讲。我只好明显地表现出我的厌烦和听不懂。但这小子更兴奋了，说："妈妈，你得听，我享受这种用知识轰炸你的感觉。"那个高兴劲儿，就别提了。

当然，安迪的分享大多并没有什么高深可言，但于我却很珍贵。说实话，很多他觉得好笑的，我也不觉得好笑（青春期男生的幽默感，你懂的）。但他愿意与我分享，我觉得自己还算很成功的。

鲁迪11岁半了，在最近的一篇习作《我家是个动物园》里，他把家里每个成员都比作一种动物，这想法真是既新奇又逗趣。他们已经有几年没在中国生活，虽然中文水平有点稚嫩，但那生动的描写还是看得我笑出声来：

> 我爸爸是一只蛇懒，这是一种想象的动物。他拥有蛇绕过障碍的智慧，他拥有树懒的温柔和懒惰。他很强壮，两只胳膊上各有一个肌肉的小山丘。你可能在想，为什么是蛇和树懒这样一个奇怪的组合呢？那是因为，如果面前有一个挑战，他会很快地想到一个出其不意的方法，挑战成功之后他又会懒懒地享受成果。

有点调皮但又很传神，他写完了也很得意地笑。

然后轮到我，他说妈妈像一只母狮子。理由呢？你已经知道了，妈妈会发火！但是呢，也像狮子妈妈一样超级爱孩子。这么一说，我不知道是该高兴呢，还是该生气。让我先精神分裂一会儿。

一迪9岁，也很自豪自己能写中文作文了，她写的是我们在后面会提到的3个重要"人物"——她的毛绒玩具，也是她的"孩子"。

> 我最喜欢的玩具是仨姐弟。
> 他们的名字是狸狸、懒懒和狗狗。狸狸是大姐姐，懒懒是弟弟，狗狗是最小的妹妹。
> 为什么狸狸是姐姐，懒懒是弟弟，狗狗是小妹妹呢？因为我是从我们家附近书店里的玩具区把他们买回来的，最先买回家的是狸狸，过了一年买了懒懒，又过了一年半我买了狗狗。
> 狸狸是一个粉色的小狐狸，她的耳朵里面、嘴巴下

面、胸口和尾巴尖都是白色的。她有两只乌黑乌黑的小眼睛和巧克力色的小鼻头。她的两只手、两只脚和两只耳朵后面都是棕紫色的。她的小嘴总是带着一丝狡黠的微笑,因为她很聪明,她知道她总是对的。

懒懒是一只棕色的小树懒,他和狸狸正好相反,做什么都很慢,也很懒。他的胳膊和腿都很长,手和脚上都有三个长长的指(趾)头。他的脚很奇妙,一只很"臭",另一只却很"香"。

他的姥姥,也就是我的妈妈很倒霉,她每次闻到的都是臭的那只脚。懒懒的额头像白色的月牙,鼻子是巧克力色的。他的两只黑黑的眼睛周围像各涂了一圈巧克力酱。

"每次闻到的都是臭的那只脚",竟然还画了一张图!

我不能再笑了!我怒了!
所以你看,是不是大孩子照样可以笑?

今日份的笑

记录一下最近 3 次傻笑的流水账。

2023 年 9 月 16 日，晚上

  我和鲁迪去超市买菜，超市走路就可以到。

  但我们眼大肚子小，买多了，装了一大塑料袋，需要两个人拎，还是很沉。于是我们订了个计划，每次拎着走 20 步，然后停下来，休息一下。

  走着走着发现 20 步可以忍受。我俩商量，增加到一次 25 步吧……也还可以忍受，那 30 步吧。

  边走，边数数。

  到最后几个数，我俩都气喘吁吁，步子越走越快，因为想赶快数到 30，但步子也越迈越小，因为太沉了！

  因为走得快，我俩在路灯下被拉得长长的影子像皮球一样弹跳着，突然觉得好可笑。

  到 30 了！

  我俩停下来，开始开心地跳，边跳边看两个影子哆哆嗦嗦地抖，哈哈乐个不停。

2023 年 9 月 28 日，晚上

  晚上鲁迪尝试做了两个新菜品，一个是烤鸡翅，一个是加了黄油的烤面包片。

两个都酥酥黄黄的，很可口。

鲁迪吃鸡翅。一迪吃面包片，面包片一咬就发出酥脆的声音。

于是他俩有了一个主意，要演一个双簧。

鲁迪拿起鸡翅，说："你知道吗？这是最酥脆的鸡翅，你看！"说着把鸡翅放到嘴里，开始嚼。

与此同时，一迪躺在饭桌底下，咬面包片，就这样鸡翅咬出了面包片一样酥脆的声音。

就这样，两人连嚼好几口，配合完美。

"我有更好的主意。"安迪说完，跑去拿了平板电脑，从网上找到一个音效，"再来一遍。"

于是，鲁迪在椅子上，另外两个在桌子底下，配合呈现出"史上最酥脆的鸡翅"。

我负责录像，笑得不行。

2023 年 9 月 29 日，早上

安迪今天起得早，想早点去学校，

但是我要出去跑步，他说："那我做早饭。"

我们的早餐有一项是果蔬汁：切两个苹果、两个橙子、一根芹菜、四根香蕉、几颗冻蓝莓，然后加酸奶和水，用破壁机

打碎后倒在杯子里，一人一杯。

我跑步回来，安迪已经弄好水果，放进了破壁机里。

香蕉皮和苹果核堆在案板上，没收拾。

"安迪！"我叫道，"你觉得这些香蕉皮和苹果核会自己走到垃圾桶里去吗？"

安迪想了想，说："我正在做这个实验，等数据呢。它们现在还没往那里走，但这并不意味着待会儿也不会去。"

我无法反驳，说："你这个逻辑，竟然很严谨！"

我们俩都笑。

我无奈地笑，他得意地笑。

孩子们去上学了，香蕉皮和苹果核还没有"走去"垃圾桶。

我不准备收拾，等安迪放学回来，让他自己把这个数据收集完。

第 2 章

为什么笑不出来

傻笑，不容易。

因为，这很难。

（逻辑论证满分！）

为什么不容易？咱们说说。

做父母，精神分裂式的存在

做父母可能是最精神分裂的一种存在。

一方面，被赋予巨大的意义：
对个体的生理意义、情感意义、哲学意义，
对家庭的传承意义、伦理意义，
对社会的文化意义、历史意义，
对人类文明繁衍的重大意义。

做好父母，是爱，是奉献，是无私，是反思，是自省，是进步，是推动文明！

就是说着说着，得张开双臂，大声"啊"一下才行的那种感觉。是啊，如果有一代人决定不生孩子，那么几十年后人类就不存在了。

这意义，能不大吗？！

另一方面，又低到尘埃里。

尤其对女性，每一粒"尘埃"都无比沉重和具体，

从怀孕的妊娠反应，到围产期的多重痛苦；

从照顾新生儿的"屎尿屁"，到抚育过程中不断的小病小灾、鸡毛蒜皮；

从幼儿园到上小学，做不完理还乱的琐事；

还有因为孩子，出现了无处不在的家庭矛盾。

这还没提自己——工作与生活无法兼顾的永恒困境，

以及那些没法言说的黄斑、疲惫、脱发、皱纹、衰老和下垂。

"巨大意义"和"具体尘埃"，都是真相。

但"我"在这种"精神分裂"中存在的状态，这个更深层次的"真相"，却是很难被看到的。

看到，也似乎是不被允许的，

因为我们最容易怪罪自己：

不够能干，不够努力。

但，真是这样吗？

第 2 章　为什么笑不出来

笑不出来，不是你的错

如此精神分裂，怎么笑得出来？
所以，这并不是你的错。
因为，
做父母是天下最难的工作，没有之一。
但这最难的事，却没有培训，想学也没有地方学。

这工作不只难，
时间还长，强度还高，容错率还极低，似乎"只能成功不能失败"！
每一位父亲或母亲，都像从没有经过培训，却要上手术台做脑外科手术的医生，
而且只能成功，不能失败。
你说，这个"冒牌医生"能不难吗？
如果做不好，是咱这个"冒牌医生"的错吗？
笑不是简单的面部肌肉运动、嘴角上扬这么简单。
笑得出来，是需要有能量、有心境的。
咱们凡人，在这种精神分裂般的撕扯下，谁不能量低下呢？
而我们最爱的孩子，往往成为最消耗能量的那个人。
所以，要因养育而笑，谈何容易！

笑不出来，当然也不是你的错！
重点来了，即使不是你的错，你也得解决这个问题。

嗯，欢迎来到成年人的世界。（我知道你不喜欢，我也不喜欢！但又能怎么样呢？）

在《醒来的女性》这本书里，有一句话是这样说的：

> 我的人生无计划地绵延，下沉，就像一条宽松的旧裤子，可不管怎么宽松，你还是得穿上它。

嗯，还是得穿上它。

育儿是天底下最高级的工作

好吧，那就聊聊怎么"穿上"。

第一步，自我"洗脑"。

所谓"洗脑"，就是换一个视角来看待养育这件事，

意识到这件事不"低级"，反而最"高级"。

我是分子生物学博士，曾在前沿科学领域和很多聪明人一起工作；

后来，在美国麦肯锡管理咨询公司工作了10年，帮助解决了许多大企业高管层面临的战略和商业问题。

15年的科学研究和商业咨询经验，让我生出两个错觉：

首先，世上的一切存在都是"问题"；

其次，没有什么"问题"是科学方法+数据分析+逻辑叙事不能解决的。

第 2 章　为什么笑不出来

既然如此,那做父母岂不是一样?

后来才发现,真不一样。

因为在这个世界里,

人不是"问题",不是"产品",

而是具有神秘性、复杂性、不可知性的灵性个体。

家庭教育也不是"行业",

而是每一天都无法预知的发生和体验,是我们真切、密实又常常不堪重负的生活。

从麦肯锡离开,用前辈的话说,是职业"降维"、职业"自杀"。

因为一般麦肯锡合伙人离开,都是去大企业做高管,而去一个慈善基金会工作,看上去是没有前途的。

后来又创办了一土学校,做社区。

写了《力量从哪里来》,为了宣传推广这本书,又开始了直播和做短视频。

看上去是在不断地降维了!

但是回看这些年,

我可以"自欺欺人"地说,是一直在升维。

怎么"升维"的?

你想想,

学习商业管理可以去商学院,学法律可以去法学院,学医可以去医学院,学其他技能还有各种技工学校……

但如何做一个母亲,或者一个职场母亲?没有地方可以教你,

只有"生活"这一个学院。

之所以没有人教,就是因为教不了。

太——难——了!

所以你说,

从做一件有"学院"可学的事,到做一件没人能教得了的事,是不是升维?

那这件事是不是最高级的事?

任何一种职业都有自己的产品和服务。

一个幼儿园老师带着一群三四岁的孩子,面对的"客户"也好,提供的"服务"也罢,其复杂度可以说是世界上最高的,因为他们面对的是无法清晰表达自己、又充满了灵性、每天都在快速发展的智慧生物!因此,幼儿园老师算是一个难度极高的职业。

可做父母比做幼儿园老师还难,

因为面对的不仅是孩子这个"人",

更是藏在各种对孩子的要求和期待后面的"我自己"。

就算可以解决孩子的"问题",

又如何解决"自己"的呢?

意识到这一点,就知道:

用"解决问题"的思路来面对养育是个"无底洞"。问题会层出不穷,解决了今天的"问题",明天孩子还会有新的"问题"。而且孩子的问题会不断折射出背后的"我"的问题。

因此,得换思路。

换思路，首先就是要意识到，如果从"问题"的视角出发，养育是"最难"的问题，而且有"永远解决不完"的问题。

这时候就会意识到不能用解决问题的思路来看待养育了，同时也就"升维"了。

父母的"不容易"，很具体

虽然我们已经完美论证了育儿这件事一直是"升维"且是最"高级"的，但是这个"高级"体验，是赶鸭子上架、后知后觉、痛苦不堪的。

因为那些"不容易"，一个个都是无比真实而具体的。

首先，时间超长。
孩子未成年前有 18 年，是所有哺乳动物里最长的，
而这也是我们自己生命中最宝贵的黄金 18 年。
是事业发展的 18 年，
是父母老去的 18 年，
是婚姻变得乏味的 18 年，
也是身体衰退的 18 年。
上面的每一行字，背后都是无数个具体的"不容易"。

其次，情感超浓。
做父母是最浓厚和复杂的情感体验，

爱，期待，喜悦，焦虑，恐惧，气愤，后悔……蜂拥而至，保证你一个也不会错过。

不仅一个不会错过，还会有各种混乱组合和大杂烩。

所以到最后，要开口，却不知道从何说起。

终于理解那句，"欲说还休，却道天凉好个秋"。

再者，矛盾超多。

应该让孩子懂礼貌，让他们先聆听，还是鼓励孩子主动表达？

应该和孩子亲密无间，还是让他们尽早独立？

应该让孩子有充盈感，还是少给资源，让他们知道所有的东西都来之不易？

成为父母后勤奋学习，习得了不少养育理论、框架，

但很快就发现，

这些在书中看上去很有道理的东西，面对真实的情境却很难应用，

在用的时候发现，有些理论甚至是相悖的，

每一个看似相反的想法似乎都有道理。

我需要的是，有人告诉我：

我，现在，面对眼前这一个，应该怎么做？

如何养育，知道也很难做到

矛盾的例子虽然很多，

第2章 为什么笑不出来

但是很多时候,是没有"理论"上的矛盾的。

比如,我们都知道对孩子发火不对,但你能做到不发火吗?

我们会在某一个当下怒不可遏:

可能是孩子答应了要做的事情却没有做,

可能是大的欺负小的了,或者小的欺负大的了,

可能是不让孩子做的事情他偏要做,

可能是孩子狡辩,让你无话可说……

我们耐心耗尽,突然爆发,把孩子训斥一顿。

孩子会害怕,会哭,会沉默。

你呢?会生气。

但是,

等暴风雨过去,你再回想,又非常后悔,

你下定决心以后不再这样了。

直到

下一次重演……

这个循环我很熟悉,因为我就是这样!

为什么那些我们非常认可的,也很合理的事情,做起来会这么难?

因为我们是在两个层次上矛盾地存在的。

一个是"小我",一个是"真我"。

这就像我们坐飞机时的体验:

小我,在云层之下,时而晴空万里,时而电闪雷鸣。

真我，在云层之上，始终碧空如洗，一片蔚蓝。
纵使云层之下狂风骤雨，云层之上总是晴朗平静。
"狂风骤雨"是因为受到某件事的触发，
同样的触发，不同的人会有不同的反应。
原因是我们内心的那些沟沟壑壑，没有意识到的自我评判、恐惧和焦虑。
不去面对那些沟沟壑壑，就会每次都"掉进沟里"，回到老路。

所以，最终，要面对。
但面对，谈何容易！
能做到，不就成佛了吗？
是啊，我们成不了。
所以第一条，就是不要用"佛"的标准要求自己！
切记，切记。

但是不成佛，做人也可以轻松一点，是吧？
成为一个好一点的人，还是可以努力的。
起点是给自己种下一颗觉知的种子，
并开始有意识地观察自己。

这本书里会反复讲到。
那咱们现在开始，
种一颗？

第 3 章

理解儿童

种下种子之前,要先了解土壤,学会松土。
所以我们先来学一点基础课,
从理解儿童开始。

儿童不是小号的成年人

儿童不是个头小一号、能力差一点的成年人,
儿童更像是另一个物种。
很多父母没有时间系统地学习儿童发展心理学,
没关系。
只要常常提醒自己,儿童不是小号的成年人,就是个很好的起点。

儿童和成年人有什么不同呢?
我总结了两个"核心矛盾",并经常提醒自己这两个"矛盾"

的存在,

觉得走投无路的时候,它们可能就是救命稻草。

而每次提醒自己时,都算给那颗小种子培了一次土,浇了一次水。

矛盾一:想象世界 vs. 现实世界

孩子大部分时间是生活在想象世界里的,而不是在我们成年人认为的"现实世界"。

为什么说是"成年人认为"的呢?因为成年人的想法不一定就是对的。

孩子说:"爸爸,我想看恐龙。"

这个恐龙可以是博物馆里的标本,但是,如果去不了博物馆,你在被子里用拳头假装的"恐龙",也是恐龙。

孩子是生活在想象世界里的,但这不是矛盾产生的原因。

矛盾的产生,是因为我们成年人很难"回到"想象的世界里。

我们在"现实"的世界里,会觉得:"这有什么用?"

但如果回忆自己的成长历程,谁又没有过想象的世界呢?

孩子都爱玩过家家,

他们在这个游戏里通过想象来构建世界,构建他和世界的关系以及和他人的关系。

第 3 章 理解儿童

这个游戏随时都可以开始，不是非要买一套玩具。玩具商店会卖一些成套的情景玩具，做一系列角色，当然如果有能力也可以买，但从某种程度上说，它也是对想象力的固化。

如果仔细观察一下孩子，就会发现他们拿几颗小石子、几根小树枝，就可以开始玩过家家了。

石子一会儿是人，一会儿是动物，一会儿是士兵，一会儿是野兽……想让它们是什么都可以。

所谓"想象的世界"，就是我们平时说的"玩"。
而"现实的世界"，是"做事"，是逻辑和道理。
记住：
孩子的语言是"玩"。
这时候你脑子里的"警察"（容易引发"焦虑、评判"的"小我"）就跳出来了，它迫不及待地问了两个棘手的问题：

问题一，光玩怎么行！玩能当饭吃吗？
其实，真能！
第一点，孩子们在想象的世界里玩耍，是一个高效学习的过程。
就像过家家，孩子们在玩中能够学会表达、倾听，学会构建复杂角色之间的关系，学会和其他人协作。

而且，这些东西，在"玩"里学，其实才是唯一的正路。
不信？你把孩子按到椅子上听你"讲课"，讲如何和小朋友好好玩耍，如何表达，如何倾听，看他能学会不？

我小时候最美好的记忆之一，是邻居樊明阿姨家"小蜜蜂"大战"大笨熊"的游戏。

那时候物质贫乏，樊明阿姨不知从哪里搞到了一大套塑料积木。我和她儿子就用积木搭了一个比我们还高的大"蜂巢"，我们是足智多谋的"小蜜蜂"，她是蠢笨的"大笨熊"，"大笨熊"每次进来"偷"蜂蜜时都会被我们蜇得抱头鼠窜、落荒而逃。

这个游戏，百玩不厌。

我后来的幽默感和自信心，大抵和这些经历有关。

所以，第二点来了，玩可以培养孩子的幽默感和自信心！

想想我 46 岁了，回忆童年能有着这样美好的经历，也算人生赢家了吧！

所以我在家里一直备着一套玩具地垫，孩子们可以搭成屋子，搭成隧道，在里面玩各种游戏。他们是武士，我是入侵者，可怜的入侵者每次都失败，只能落荒而逃！

▲ 仨孩子拿地垫搭建"城堡"，然后自导自演

第3章 理解儿童

你问——你还没回答"玩能不能当饭吃"的问题!

别急。

我和孩子们读冯骥才的《俗世奇人》,他们最喜欢的一个人物,是"大关丁"。

大关丁喜欢玩,喜欢吃"糖堆儿"(天津话:糖葫芦)。后来家道中落,从吃糖堆儿到做糖堆儿,从借钱买"山里红"(山楂)走街串巷开始,到靠自己重新站起来,这故事有趣得很,也励志得很。

看,会玩,能安身立命。

也就是说:玩能当饭吃!

当然这只是一个例子,回到根本,孩子在"玩"里所学习和锻炼的能力——从创造力、执行力,到与别人合作、解决纠纷……哪一个不是孩子在社会中生存生活所需要的核心能力呢?

问题二,但光有这些能力不够啊,还得能"做题"啊!

我在《力量从哪里来》那本书中分享过一个例子:

> 2020年要开学的时候,我们准备买一辆二手车。
>
> 10岁的安迪问我:"妈妈,为什么我们不能买一辆坦克?"
>
> 我当时的第一个反应是:"胡闹!买什么坦克?"
>
> 后来我想,为什么不可以呢?
>
> 于是我放下了"胡闹"的想法,问他:"你为什么想买坦克呢?"

安迪说:"坦克很酷!你要是开坦克送我去上学,那我就是全校最酷的学生啊!"

听到这句话,我完全能够体会到这份想象带给他的喜悦。就是!多酷啊!

于是我说:"我同意!那咱们讨论一下。你看街上没有人开坦克,为什么那么酷的一件事情却没有人做呢?"

他开始查资料,过了一会儿告诉我:"因为坦克太沉了,会把路轧坏;坦克有履带,履带会把地面弄坏。"

我说:"那我们看看有没有带轮子的坦克。"

他又去查,的确有带轮子的坦克,还有几万美元的二手坦克,价格和小轿车差不多,并非不可接受。

但是他有了另一个发现,大家不开坦克的主要原因是耗油!按照他看的那款 M1 艾布拉姆斯系列主战坦克和网上相关数据,他核算出该坦克的耗油量约是一般轿车的 40 倍,是一辆混合动力车的 80～100 倍。

计算一番,讨论一番,最终放弃了买坦克的计划。

你看,信息检索能力与数学应用题解题能力,是不是都锻炼了!

所以,"玩"说到底是一个对儿童友好的"入口",通过这个入口,不仅可以学,还可以学得更好、更高效。

最后,允许我拔个高:

第 3 章 理解儿童

会不会玩、有没有想象力，其实是人和动物的根本区别。

那些我们耳熟能详的艺术家，如果有一个共同点，那就是他们其实延续了童年时期的丰富想象力，一直生活在想象的世界里，从凡·高、贝多芬，到凡尔纳，无一例外，他们都在自己想象的世界里探索和表达，才有了那些了不起的视角与艺术作品。

科学的发展，也都是来自这些充满想象力的问题。爱因斯坦和费曼就是经典的例子。

前面安迪研究坦克的例子，也是一个典型科学探究的过程：他先有了问题，接着提出假设，然后从这个假设开始，去找数据，证明或者推翻假设。

所以，当孩子和你说要一起玩的时候，真的是向你伸出了一根橄榄枝，是在提醒你从"动物"变回"人"呐！

矛盾二：用身体表达 vs. 用语言表达

儿童是用所有感官感知世界的，其实成年人也是。

但是我们在成为"成年人"的过程中，很多能力都"退化"了。

只有两个能力突出发展、持续精进，一是视觉，二是语言。

为什么所有孩子都喜欢玩沙子、玩水？因为这个过程有触觉，有身体参与。

为什么所有的孩子都喜欢"玩"？
因为"玩"的时候，很多感官都在参与：
身体在运动，
风拂过皮肤，
花草的味道，
手上的虫子，
触到的泥土……

哪怕是在室内玩，孩子也经常是趴在那里，摆弄东西。
通过美术馆的设计也能看得出成年人和儿童的区别。
面向成年人的美术馆，展品往往挂在墙上，或者是将装置放在展位上，供人赏看，很少能触摸和互动。
这样的美术馆对孩子来说是很无聊的。

所以如果费尽心力地带孩子去世界各地著名的美术馆参观，而孩子对墙上的展品没兴趣，并不能说明孩子没有艺术细胞，只是因为他们还不具备通过视觉去理解和欣赏艺术的能力。
而儿童美术馆和儿童中心都是有大量"五感"设计的，能够让孩子触摸、闻、听、摆放、构建，参与其中，孩子会玩得不亦乐乎。这个现象背后是同样的道理。

2023年，我们在日本旅居的这段时间，孩子们最喜欢的艺术设施有两个。
一个是无界（TeamLab）里的"柔软的黑洞"：一个大黑屋子，

第3章 理解儿童

墙是软的,"地面"也是软的,想要迈步向前走时,双脚就会往下沉陷。

空间本身会受到人的体重影响而不断变化,同时,人的身体也会受到不断变化的空间的影响。人的身体会"改变"空间,同时,空间也会"改变"人的身体。孩子们会在里面不断碰撞、跌倒。这个作品有一段意味深长的介绍:

> 生活在现代都市,被冰冷、坚硬的平面所包围,我们不用时刻关照自己的身体,也能生存下来。渐渐地,我们已经忘记了身体的存在。本来,在自然森林中,平坦的地面并不存在。这套装置的目的就是提醒我们记起已经遗忘了的身体,让我们对身体有更多的感知。

另一个是位于箱根的雕刻之森美术馆(Open Air Museum)。这是一个基本纯室外的美术馆,整个美术馆设在山坳里,其间散布着雕塑。其中有一个特殊的"雕塑"作品,叫"花园里的星星",实际上是一个迷宫,进入迷宫后可以和迷宫里的其他人在转角不期而遇。我和孩子们在里面相互寻找,玩得不亦乐乎。

孩子在这里面玩,眼睛都在发光。

孩子眼睛里的光对我来说是一个强烈的提醒,他们在用身体感知世界,而我们却常常忘了这回事。

看到这里，你可能会想：我没有机会去这样的地方，所以孩子错过了这样的体验。不是的，有机会体验当然很好，但如果没有，这些启示是可以随时在日常生活中提醒我们的。

今天就可以用的方法

结合矛盾一和矛盾二——想象力和多感官参与，我列了一些今天就可以用的方法。

9岁以下的孩子都可以玩，一些年龄大点的孩子也可以玩。

人体摇摇车

坐在地上或床上，抱着孩子，你就是摇摇车啦！

先用一只手的大拇指和食指摆弄成一个鸭嘴的形状，让孩子投币，然后你的手把币"吃掉"，记得要配合一些声音；也可以有刷卡模式，孩子把4个手指并排塞进去，假装是信用卡。这时候，你还可以加戏：请输入密码……让他用另一只手在你的手上点一点，你发出声音，还可以说"密码错误"，把卡吞掉。让孩子再试着输入，直到密码正确。

收到钱之后，孩子就可以上摇摇车啦！

你可以抱着他来回晃，玩完一轮以后要夸张地说，钱用完啦！请投币！还可以加上即兴发挥，出各种"幺蛾子"：旋风摇摇车、乱转摇摇车、火山摇摇车……还可以因摇得太厉害而导致两人都倒在地上或床上，然后夸张地说："我坏啦！需要你来维修。"孩子在你身上一通乱戳，你在各种怪叫声中被"修好"了。

这么玩，几分钟孩子就会高兴得很。

刷卡游戏

除了摇摇车，手制成的投币机或刷卡机也可以有各种玩法——哪个孩子不想刷个卡，体验一下消费的感觉呢？！

比如，孩子是小汽车，你是加油站，加油站刷卡之后，给"孩子"加油：把手伸到孩子的口袋里，念念有词地"咕嘟咕嘟"，然后推着"小汽车"跑啦！

如果给孩子零食，你就可以成为自动售卖机，孩子给你"刷卡"，你从口袋里拿给他食物或者小玩具。

记得遇到"售卖""给汽车加油"等场景要经常加戏，收了钱别忘亲一下、抱一下什么的，这些创意都可以加进去。好玩得很！

闻"臭脚"

两个小脚丫，其实都干干净净的。

你先闻一只，啊，真香啊！

充满期待地再闻一只，然后皱起眉头说：

"啊！好臭，好臭！"

然后装作被熏晕过去。再慢慢起来,重新开始。

这个游戏几乎可以无限循环,不信你可以试试。

超大脚趾头

晚上睡觉的时候,打开手机上的手电筒功能,跟孩子一起数脚趾头。

这时看墙上的影子,脚会变得特别大,5 个脚趾都可以加很多戏。

大脚趾和二脚趾开始打架,其余 3 个脚趾围观……就天马行空地编吧!

私密空间、巨大的影子,加上诙谐的配音,

完美!

数数脚趾头

白天没有灯,可以玩简易版。

你认真地说:"哎呀,今天要看看 5 个脚趾头还在不在!"

然后你就很认真地去数,这时候孩子都会很配合的。

1, 2, 3, 4, 啊,怎么少了一个?!然后装作很紧张的样子。

再数一遍,1, 2, 3, 啊,又少了一个!

然后孩子就会很认真地和你一起数,你看!1, 2, 3, 4, 5!

但是你"笨"啊,总是数不对。其实这样就对了!

第 3 章 理解儿童

我的"脚趾头"启蒙，其实是源于我姥姥常讲的一个"故事"。

姥姥常说，我妈妈小时候，姥姥的一个朋友很喜欢孩子，孩子也很喜欢他。

他每次来玩，都会带几块冰糖，那个时候冰糖可是超级难得的宝贝。

他到了姥姥家坐下，就把鞋脱了，撑开大脚趾和二脚趾，说："哎呀，我的脚趾头想吃糖了！"

我妈妈（那时候还是个小女孩）就屁颠屁颠地把叔叔给的糖"喂"给脚趾头吃。

当然还没"喂"到，就被叔叔接住，给我妈妈了。

姥姥说，每次叔叔来，我妈妈都会问："今天脚趾头要不要吃糖啊？"

妈妈今年72岁了，还依然记得这位叔叔。

你看，

会玩的爱，是可以穿越时光、抵抗岁月的。

"扔"出去

横着抱起孩子，朝着窗户或者阳台的方向，假装说：

嗯，这个娃娃不要了，扔到月亮上去吧！

或者说，扔到星星上去吧！

然后你就煞有介事地准备"扔"，

1，2，3，假装使劲地对着窗口扔出去，

然后再假装成功地对着窗外大喊：
再见！到了月亮上记得给我写信啊！
一会儿之后，装作恍然大悟地看着怀里：
啊？怎么你还在这里？！
孩子笑喷了。

然后你就继续尝试，
每次说的话、扔的方向都可随意发挥，
多大的孩子适合"扔"，取决于你的臂力，哈哈。
对于这个游戏，一迪玩到 8 岁还很喜欢。
之后我就抱不动啦！

攻占堡垒 + 袜子大战

在床上把被子弄成"城墙"，孩子躲在被子墙后面，负责守城，你负责攻城，动作夸张但总是失败。
双方都有炮弹，那就是卷起来的袜子团！
中间喊着"冲啊"，气氛到位。
安迪 12 岁时，还是对这个游戏情有独钟。

亲亲炮弹

和孩子互相亲，谁亲到对方，谁就得分，而且身体不同部位得分不一样，比方说亲到脸蛋得分最高，亲到头发要扣分。

孩子如果想躲避你的亲亲，在你要亲到脸的时候头一摆，亲到了头发，你就惨了！

还可以规定亲手臂、肚子各多少分，分数你们自己定！

我们开始玩这个游戏之后，一迪很快有了新的主意。

把手放在嘴上，自己连亲 10 下，说我现在有 10 个亲亲炮弹！然后把手往我身上一拍！得 10 分！

我觉得这个创意太棒了，所以也开始如法炮制，在自己的手心里亲了 10 个。

没想到这个时候一迪又发明出了新玩法，她说："妈妈，把你的手给我，来和我握手。"我莫名其妙，她很得意地说："刚才你手上的亲亲炮弹已经变成我的了，哈哈！"

然后她一抓我，我又输了，这时候我就"气急败坏"，开始追她，她使劲跑，我们俩就这样在公园里跑了好久。

最后当然是以她胜利、我失败为结局。

但是我决不服输，下次一定要挽回尊严！

捉迷藏

孩子到 13 岁都能玩（再大还没有测过），人越多越好玩。

你都想象不到，孩子能藏到什么犄角旮旯！

上次我怎么也找不到一迪，后来发现她竟然藏进了厨房的橱柜里！

简直"无法无天"啊!

16 个抱抱

一个做了 20 多年幼儿园老师的朋友告诉我,孩子一天至少要抱 16 次,我相信。

因为孩子都有"皮肤饥渴症"(其实成年人也是),所以有机会就抱抱吧!

抱的时候还要念念有词,说:

"妈妈怎么这么喜欢你呢!最喜欢这个宝贝啦!"

"妈妈为什么这么幸运,能够成为世界上最好的宝贝的妈妈呢?"

"你那时候怎么就选了我呢?"

记得配合上"星星眼"……

这种方式,对大孩子也可以!
具体说啥你可以自己调整。

总之,
别人看不见,
肉麻无底线!

♥ 说说心里话

就这么 6 000 天

写于 2021 年 5 月 25 日

养育孩子,身在其中的时候,感觉似乎是个无穷无尽的旅程。但其实仔细算算,按 17 年算的话,也不过是 365 × 17 = 6 205 天。**我们真正养育孩子的时间,往往还不到 6 000 天。**是的,这么算,哪怕长寿的人,一生也不过 3 万多天,如白驹过隙。

这 6 000 天,怎么过?

我们向往的,当然是平安喜乐地过,但真实的生活,往往差了十万八千里。

从怀孕开始,就这么多事不懂,这么多事要做,面临体力、心力、脑力三重挑战。

这么多压力和焦虑,这么多不确定。

每天好像都学了一点,但是好像每天又都学不够。

有时候感觉好像掉进了海里,费劲挣扎探出头来,刚喘上一口气,又被海水淹没了。

那天在某教育群里看到这样一个发言:

邻家有一二年级小学生，自孩子上学起，家中鲜有笑声。周末的时候，听到的要么是妈妈的怒吼，要么是小提琴的练习声。妈妈老是生气，每隔几天就会把孩子推出门外，说不想要他了，然后就是孩子的哭泣声……

我看到后的第一反应，其实并不是——哎哟，这个妈妈怎么能这样！而是——哎哟，好熟悉啊，我也这样过！

甚至能清晰感受到在气头上时身体的每一处紧绷：头部充血、发晕，气愤，着急，怨恨，担忧；为自己辛勤付出感到的委屈，对"队友"的不满，对孩子的失望，对未来的害怕和担忧，新"仇"旧"账"，又厚又紧地缠作一团，黑压压地堵在那里……发泄之后，会后悔，会下定决心以后再不这样了。但是不久以后的下一次，又会重蹈覆辙，生活里的新状况，会接着按那个按钮，一按，又爆了，像机器一样精准。爆发之后再后悔，如此反复，无穷无尽……

所以，真正的6 000天，往往是在**"对孩子不满——语言暴力——后悔和自责——与孩子短暂亲密——对孩子不满"**的循环中度过的。

而且这个过程，不用等到孩子练小提琴就开始了。朋友发给我她14个月大的宝宝的照片，我正想夸赞，她说道："刚喂完娃吃午饭，一顿饭吃一个多小时，收拾两个小时，真想打她屁股！"

当然朋友后来也说："她才14个月，我真是没必要！"

第 3 章 理解儿童

你看，其实道理我们都懂，就是做不好。

为什么？因为养育孩子，不像"照顾孩子"这么简单。

真正意义上的养育，需要我们面对人生最深的恐惧——对未来，对前途，对不确定，对求而不得。这些恐惧，我们自己也远不能从容面对。当看到这个我需要"负全责"的孩子，这份恐惧只会加剧，而且往往是压倒性的。所以在看似琐碎的生活杂事里，掩藏的是我们和这人生最深的恐惧相处的能力。

这恐惧，其实是我们动物性的一部分。什么是动物性？说白了，就是指丛林法则、弱肉强食、你死我活。所以我们要划领地、要占有、要竞争、要赢。从这个角度说，人类的很多行为，其实都是穿了衣服的动物的行为而已。我们的那些怒火，其实都是动物性在作怪。

但问题是，如果只有动物性，这人生是不是很不值得？

如果你是被"灭掉"的，当然没有幸福可言，但就算你是胜出的那个，一定会幸福吗？事实是你可能随时都会被下一个挑战者攻击和打败。所以如果我们人的终极目标是平安喜乐，那么在丛林法则里，是完全没有可能的。在这个规则里，只有动物意义上的、暂时的"赢家"，永远不会有"人"这个层面的赢家。

动物性，每个人都有。我们需要解决的，不是泯灭动物性——你也泯灭不了，而是学会透过动物性，看到后面的人性。人类，英文叫 human being，动物不叫 animal being，所以人和动物的区别，就是这个 being。

其实人性和动物性的核心属性是相反的。

动物性要索取和占有；人性则有无限的能力给予且不计回报。
动物性要赢；人性里面没有所谓输赢。
动物性有领地，有限制；人性的本质，是无限性。
动物性是我们的小我，我执；人性是大我，去执。

我们做人的修行，就是透过我执，看到后面的真我，也就是透过动物性看到人性，看到 how to be。当我们思考 how to be，就会从不同的高度问自己：养育孩子的这 6 000 天，应该怎样过？当我们这样做后，就会看到我们对孩子的那些怒火，其实都是因为在那一刻我们被恐惧挟持而产生的机械一般的反应；就会知道，其实我们看上去很繁忙、很努力的时候，也无非是在"梦游"。

回答 how to be 这个问题，其实和孩子无关。但因为我们自身养育者的角色，使得我们被动地、不停地和未来面对面，不停地和自己的恐惧狭路相逢。

所以从这个角度讲，**养育，是每一个父母的自我突破和完成之旅。**

其实这些恐惧，都是幻象。但人生最大的悖论就是：我们每天被恐惧追着跑，不敢面对；而恐惧是幻象这件事，只有当我们敢于面对时，才会明白。

这个自我完成之旅，很难，特别是在一个高焦虑的环境里。因为人最终是社会动物，周围的人如果都在被恐惧追着跑，周围

第 3 章 理解儿童

的事物如果都给恐惧赋能，制造焦虑，哪怕这些恐惧都是幻象，你似乎也很难不跟着人群跑。

那怎么办？其实是有答案的。一个答案就是：找一个不一样的群体，一个不那样奔跑的群体——那些愿意停下来，问"为什么"、问"一定要这样吗"的人组成的群体。

这个群体很难找。因为这些问题，似乎很难问出口。那些被追着跑的人，听到你的问题会大声发笑，让你也产生自我怀疑：这问题是不是问得毫无意义，是不是不应该"浪费时间"去思考，而是应该赶紧追上去奔跑？

其实这样的人是存在的，而且很多。只不过像沙子里的金子，因为周围都是沙子，所以作为与众不同的个体，经常会感到孤独，觉得自己的发问不合时宜，进而选择沉默。

我们做自媒体、开社区、拍视频，写这本书，都是希望能让这些发问的"金子"找到彼此，从而知道有很多这样的人，在问这些看上去"不着调"的问题，并希望用不一样的方式，度过这 6 000 天。

每一个人的思考和发问，都是无价之宝，影响的是一个个真实的生命和家庭。

当然这样发问，还有一个巨大的挑战——我问了，去哪里找答案？

我不仅有方向性的问题，还有具体的问题——语文该怎么学？阅读能力该怎么提高？艺术该怎么启蒙？英语该怎样练习？

是不是应该鼓励孩子多玩？青少年的心理问题，该如何处理？

一方面教育专家似乎满天飞，到处都是教育论坛、养育大咖，而另一方面我们经常被生活压得喘不过气来，时间有限。如何甄别？有限的时间，我该听什么？孩子应该接受怎样的教育？

我也是家长，从孩子出生开始也有同样的困惑，也买过各种靠谱的和不靠谱的产品，交了很多学费。这些年因为创立"一土"的经历，认识了很多教育领域的专家和朋友。一些朋友，我说不上为什么，就是特别喜欢。因为开始面对这6 000天的时间，我开始思考：我为什么喜欢他们，他们都有什么特质？

2017年起就支持成立广州"一土"的广州华美实验学校的陈峰校长给我讲过一个故事，他小时候，家里很穷，父亲问他："给你两分钱，买什么可以把这个房间装满？"他挠头想不出答案。这时候父亲拿出一根火柴，一划，房间就亮了，虽然是微弱的光，但照亮了整个房间……

他说这就是他后来这么多年做教育的起点。这两分钱的火柴的微光，闪耀着无比耀眼的人性的光。

所以我明白了，我喜欢的这些人，不管在什么领域，都是闪耀着人性之光的人，都是坚持诚信、敢于直面恐惧的人。

教育充满了焦虑，其实并非偶然。当很多人内心的恐惧没有被面对和与之和解的时候，必然会有很多"产品"，利用这个焦虑，给你提供"解决问题"的方案。似乎只要买一个什么，孩子就可以"胜出"。其实当你学会了听焦虑和恐惧的语言,就能够一眼看出这些产品是在利用我们的"动物性"的真相。

而不管环境如何,其实像陈峰校长的父亲那样点燃火柴光的人,一直存在。那些人性的光,一直闪耀,只是它们可能会被人为制造出来的聒噪淹没,或者被挤到边缘。

所以我喜欢这些人,这些"边缘人",这些没有放弃"点火柴"的人,无论这火柴的光是多么微弱。

第二部分

专治笑不出来

笑的起点,是理解儿童。

孩子不是小号的成年人。
他们的语言,不是大人的"语言",而是"玩"。
他们认识世界,不是主要靠"思考",而是经由全身心的交互和投入。

当他们令人"生厌"的时候,
并不是因为他们是"问题",而是他们遇到了"问题"。
知道方法,成年人就可以和他们一起解决问题。

第 4 章

改下脑回路

儿童不是小号的成年人。

意识到这一点,就是改了一次脑回路。

我们偶尔改一次脑回路,就可以摆脱很多看上去无解的困境。

而每次改回路,又是给那颗"小种子",松了一次土,浇了一次水。

三个最重要,也是最难改的回路

一是从"别处"到"当下";
二是从"匮乏"到"充盈";
三是从"逃离"到"入局"。

当然,如果都改好,就成佛了,
因此,首先要对自己降低期待:

都改好，不可能！
所以目标并不是"都改好"，
但是我们至少可以做到——偶尔能想起。
看接下来的内容时，请重复下面这句话：
偶尔能想起，就很了不起！
好，让我们开始。

一、从"别处"到"当下"

孩子是活在当下的大师，
年龄越小的孩子越明显。
小学高年级之后的孩子，就慢慢开始成年化了。

成年人收获了"成熟"，但似乎也丢掉了生活在当下的能力。
我们不是生活在过去，就是生活在未来，唯独不在当下。
我们放不下过去遇见的人、发生的事、犯过的错，
同时，我们想象的"未来"往往也不是一个正面的未来，
而是基于记忆投射出来的，充满担忧和焦虑的"未来"。
我们一提到未来，最多的情绪往往是担忧：
"我现在不这样，以后怎么办？"
"我的孩子现在不这样，他以后怎么办？"

每个人内心的这些担忧，投射到群体层面，就产生了集体焦

第 4 章 改下脑回路

虑和内卷。

因为我们无法想象一个"没有准备好"的未来,所以花很多精力为未来"做准备"。

我们将未来幻化成一个车站,而自己是行驶在路上的千万辆列车之一。

列车最终会行驶到某个车站,

而那个车站是会"发生在"自己身上、"降临在"自己头上的客观存在,是我们无法改变、只能接受的一个"东西"。

而且因为它是一个"车站",因此对于每一辆列车而言都是一样的,无可选择也无可逃避。

但这是对未来最大的误解,

未来并不是运行在铁轨上的一个客体,

我们的未来什么样,是由我们当下的每一个选择连接,进而呈现出来的。

这条"铁轨",即便有,也是由我们自己一个一个的选择连起来的。

所以未来不是远方的一个固定的未知,

未来是我们当下每一个选择连起来形成的一个"果"。

因为过去已经发生,

未来是我们基于过去的投射,

只有当下,此时此刻是真实的,是我们可以选择、改变的。

而将关注放在当下很难，一辈子都很难做好，
但当我们真的着手做时，改变就开始发生了。
面对孩子时，所谓"尊重当下"，
就是看到孩子沉浸于某件事中的时候，提醒自己，先不打扰，让他做，让他想。
这就是个了不起的开始了！
如果一定要打断，那就尽量让不打断的时间长一点。
在时间安排上，一周至少有半天不要安排计划。
在这个时间里，给孩子自由的空间和时间，他想做点什么，就做点什么。

我发过很多一迪折纸的小视频。
她6岁多时折的小书包，就非常惊艳。
9岁的时候做的"奶奶的针线包"是个大工程，
要十几个小时，几十个部件，这对9岁的孩子来说是非常大的挑战。
一迪在一周的时间里，见缝插针地找空闲时间做，沉浸其中，最终做出了一个让我们惊艳的"艺术品"。
当然，这需要一些"会折"的能力，需要一些物料的准备（A4纸等），
但，底层的必要条件是：
允许孩子有大块的而不是碎片化的时间；
允许发生；
支持和鼓励。

第 4 章 改下脑回路

如果我们能做到，那么将会见证很多"奇迹"的发生。

这时候，你脑子里的"警察"跳出来了：
如果沉浸的是"坏"东西，比如电子游戏呢？
这些当然是问题，
但其实对抗这些的一个重要方法，就是让孩子首先有足够愉悦的体验，能够沉浸在"好"东西里。
时间有限且珍贵，有好的东西游走在孩子的生命里、生活里，有愉悦感、成就感、价值感，
坏的东西自然就无机可乘了，不是吗？

你脑子里的"警察"还有第二个问题：
我有这么多事要做，比如几点一定要去哪儿，
我沉浸在当下，让孩子也沉浸在当下，那不就迟到了吗？
这里要澄清一个常有的误解：
"沉浸当下"不是不食人间烟火。
就好比"无为"不是不做事一样。
溪水在流，若你把手放进水里，完全静默，
这并不是"无为"，因为仅仅是来自手的阻力，就已经足够大了。
顺流而下，阻力才是最小的，才是真正的"无为"，
你在"动"，但很"轻松"。
生活就是那条溪流。
学会感知"水流"的方向，顺势而为，才是真的"活在当下"。

带孩子去医院打疫苗，到了要去医院的时间就去。

他还在玩玩具，就带着玩具去。

该打针了，就说该打针了。

打针这件事对孩子来说肯定不会是愉悦的体验，但如果孩子的当下得到了足够的尊重，那么他也能更从容地应对这个挑战。

但有些时候，我们不得不破坏一些孩子在专注的当下，

比如玩具带不走，或者玩的不是玩具，是沙坑里的沙子怎么办？

那也有出路：

尽量支持和延长孩子沉浸的状态，可以聊刚才玩的，继续沉浸在想象世界的游戏中，即回到第 3 章提到的"矛盾一"，和孩子一起在想象的世界里继续玩沙子、编故事。

玩沙子、编故事是行为，其内核是我们尊重了孩子当下的内心状态。

当孩子的内心被看到和尊重，很多事情就会"容易"很多，抗挫的能力也会变得强大，

而"抗挫"其实是与生俱来的能力。

当我们尊重孩子的内心状态，那么他的这种能力就会很自然地展现出来。

回答完"警察"的问题，让我们来看看经常这样做，会有什么效果：

第 4 章　改下脑回路

2023 年，我要在日本工作一段时间，便带孩子们同去。我们对日本全然陌生，一切都要从头开始。毕竟，孩子们需要适应新的学校、新的老师、新的同学，我自己也要去适应一个完全陌生的新的环境。但一周以后，孩子们就如鱼得水地融入了新环境，老师也反馈说："如果不是提前知道，我也无法看出来谁是新来的同学。"我觉得这种融入新环境的能力，比这一周具体学了什么知识要重要得多，也宝贵得多。

开学后的一天，放学后我们在地铁站边的便利店买了点零食，就坐上地铁回家。行至半途，我突然发现钱包不见了。我惊慌地告诉孩子们，颇有"大事不好"的语气，却发现这时候三个孩子都比我平静得多。

安迪说："你看一下 AirTag（一款苹果的便携追踪设备）显示钱包在哪里（我在钱包里放了一个，可以显示位置）。"鲁迪说："我们这一站就下车，只需到对面就可以坐反方向的车回去找了。"我一看，AirTag 显示钱包的确在便利店，但是等我们坐反方向的地铁回去，再刷地铁卡出站时发现怎么也刷不成功。一迪找到车站的工作人员，比画着解释，我们才知道要工作人员做了车费的调整我们才能出站。出站后我们 4 个人一起回到了便利店，顺利地找回了钱包。

整件事情有惊无险地解决了，虽然看上去是一件非常小的事情，但是在这个过程中，我看到孩子们表现出来的状态，是非常让人欣慰和值得骄傲的。

二、从"匮乏"到"充盈"

前面说，
我们一想到未来，往往是担忧：
我现在不这样，以后怎么办；
我的孩子现在不这样，他以后怎么办；
……

我们看到别人家的孩子都非常厉害，但他们就知道未来是什么样的吗？并不知道。
如果我们去关照自己的内在信念，
就会发现，自己总是在不知不觉中将"别人"神化。
他可能根本不认识你，但是你在心里给他赋予了一个权威，
而且往往是一种压倒性的权威，并以此来指导自己的生活。
我们发现别家的父母都在做某件事，就也想要赶快去做。
别人给孩子报了某个兴趣班，我们也想马上去报。

如果我们以此观察自己，就会发现其中的可笑之处。
我们先把某一种行为、某一类人树立成"权威"，再让这个"权威"来指导我们自己的行为和生活，
而我们又在这种生活中迷失、痛苦。

第 4 章 改下脑回路

但问题的起点并不是"别人",而是我们"树立权威"的这个行为。

说到底,这是我们和"自己"的一种矛盾:

用自己制造出来的"权威"来"管理"自己,

用自己想象出来的"未来"来"吓唬"自己。

我们容易陷入这样的困境,是因为匮乏感。

每个人都有匮乏感。

因为我不够好,所以我的孩子不够好,因此我要努力让我的孩子足够好。

当你做到了你认为的足够好的时候,又会发现另一个"别人",你又接着去跟随。

这种驱动匮乏的行为模式,是没有尽头的。

因为在这种模式下,怎么做都不够,哪怕追到了一些,还会发现更多没有做到的,不是吗?

而"正路"是:**有觉察,到当下,让我们看到生活中的馈赠和充盈感。**

这听起来也许有点玄妙,但其实很简单。

如果今天有一则新闻,报道一个顶尖科技团队研发出了一朵智能花,这朵花在春天到来时能感知外界的温度和湿度,适时绽放。这则新闻肯定会震惊大众,堪称奇迹了吧?

但仔细想想,每年春天都有千百万不同种类的花在开放,哪怕是生长在石缝中的野花,也会开放。

我们每天都在这样无数的奇迹中生活，却似乎视而不见。
所以，如果记得生命本有的神奇，就会发现奇迹无处不在。
我们是奇迹，孩子是奇迹，
活在奇迹里，何谈匮乏？

这时候你脑子里的"警察"又跳出来了：
我没房没车，没这没那，钱不够，怎么不匮乏？
是的，外在的物质，我们或许永远不够，
但每一个生命，都有 3 件宝贝：
觉察觉知，
爱与慈悲，
智慧。

一切外在的"有"，都是通过这 3 个宝贝创造出来的。
这 3 个宝贝，你有，孩子也有。
孩子的一个"功用"，就是提醒我们这 3 个宝贝的存在；
提醒我们，时常给自己松松土，给小种子浇浇水。

三、从"逃离"到"入局"

孩子因为一件事情哭了，我们的第一反应就是让他快别哭了；
孩子的作业没完成或者题目不会做，我们着急地告诉他应该怎么做，抓紧做完；

第 4 章　改下脑回路

两个孩子打起来了，我们盼着能有个什么神奇药片，让两人赶快和好。

是啊，要是有什么药片就好了！

有了这个药片，我们就可以赶紧从困境里逃出来。

是啊，谁愿意陷在里面呢？

我们希望快刀斩乱麻地解决问题，难道不对吗？

快别哭了，我们就可以做别的了；

快把作业做完，我们就可以做下一项事情了；

快别吵了，我们就可以玩别的了。

其实想想也挺可笑的，逃离之后呢？

无非是面对下一个问题，然后再逃离。

如果是这样的循环，生活岂不是很没劲？

当然，如果真能逃得了，也行，

真相是，越想更快地解决和逃离，越逃不了，

而且这种状态会持续地产生新的问题。

你雷霆万钧地大吼一声，孩子闭嘴了，不哭了。

问题看似消失了，但实际上并没有解决，只是被掩盖了。

不仅没解决，孩子还更害怕你了，至少不喜欢和你在一起了。再出现新的问题，也会想尽办法掩盖，不让你知道，直到捅了大娄子。

这样问题"解决"了吗？

我们越是想挣脱，反而被困得越紧。

那怎么办？

答案是，"反着来"。

不是往外跑，而是转个念，"面对问题往里走"。

我写过一篇文章，《每一个孩子，都需要一个ZZ》。开头讲了一个故事：

  在一迪7岁的一天晚上，她要求我和她一起洗澡。我刚洗过澡，所以说不行，但是一迪不放弃，问我很多遍，其中有一次她问的时候，我走神了，说了个"行"，于是她很高兴，不再问了。

  到要洗澡的时候，她看我还没动，说："你不是答应了吗？"我说："我没答应啊！"她说："你答应啦！你说话不算数！"于是她很不高兴。我说："那你先刷牙吧！"她就刷牙，但是要躺在卫生间的地上刷，我说："你也不怕把牙膏咽到肚子里。"她说："我就是要躺着刷，因为你不陪我洗澡，我不高兴。"

  我看着地上扭作一团、拿着牙刷口吐白沫的她，哭笑不得。于是，我的大脑开始运转：这可怎么办？要不就陪她洗？但是我真的刚洗过！有没有别的方法逃离这个困境呢？

  然后我习惯性地开启"逻辑妈妈讲道理"模式："你看，妈妈已经洗过了呀，再洗不是浪费水吗？""我不

第 4 章 改下脑回路

管！你答应了！""你看，咱俩一起洗，你很容易洗不到，还容易冷，不是吗？""我不冷！"

于是到第二步，苦口婆心"建设性建议"模式："要不你洗，妈妈就在外面陪着，就隔着玻璃门，和妈妈陪洗差不多，行不？""不行！""要不今天洗完，睡前多讲一个故事，行不？""不行！"

眼看着所有解决方案都被否定了，怎么办？你这个小妮子！这时候我抑制住"对不讲道理的小妮子发火"的模式，深吸一口气，想到了一个重要人物，也许她可以救我。这个重要人物，就是ZZ！

ZZ是谁？是一个小狐狸毛绒玩具，是一迪的"女儿"，叫她"妈妈"，叫我"姥姥"。ZZ性格乖张，就是对一迪很"乖"，对我很"张"。ZZ处世的基本逻辑就是，她的妈妈是世界上最好的，最聪明、最漂亮、最能干、最爱她，永远正确，而姥姥又笨、又蠢，总是出错。当然，ZZ的动作和语言大部分是我友情出演的，一迪呢，是导演。

于是我说："这样吧，我把ZZ找来，让她把姥姥骂一顿，行不？"在瓷砖地上躺着，嘴里满是白沫的一迪突然停了下来，叽里咕噜地说："嗯嗯，这个可以！"但是ZZ在哪儿呢？这时候一迪开始叽里咕噜地用尖尖的声音说："笨姥姥！你又忘了我了！你总是忘！我在门口！"

我赶紧跑出卫生间，毕恭毕敬地说："别生气，姥姥来啦!"ZZ 进来的时候,那一定是带着对姥姥的不满的,但是看到妈妈,又是无比高兴的,这种复杂的情绪,我都不知道是怎么生动地表现出来的,应该是有影后潜质吧。反正一迪很高兴,一骨碌爬起来,把牙膏吐了,一把把 ZZ 抱过去。

然后,ZZ 就开始控诉:"姥姥,你明明答应了和妈妈洗澡的,又不承认了,这叫出尔反尔,不可原谅!你怎么可以这样对妈妈,这是不可以的!不能接受的!"在我激情配音的时候,一迪举着 ZZ 的一只胳膊,对着我指指点点,完美配合。

"但是我妈妈,她是最勇敢的,一个人洗就一个人洗,有什么可怕的,哼!"终于解了气,进入下一场。

这时候,ZZ 说:"我去开灯(浴室里还有一个灯)!"ZZ 开灯也是有功夫的,她大喊:看我的超级旋风无——影——腿!一迪拿着 ZZ 做 720 度空翻,然后用一条毛绒腿,直直地踢向灯的开关:

——啪嗒!

把灯踢开了。然后英明神武的"妈妈"就进去洗澡了,一场危机终于化解了。

我也长舒一口气,拍拍自己,这一场演得不错!可以中场休息,拿盒饭,等下一场。

你看,是不是多亏了 ZZ?

我突然意识到,其实每一个孩子,都需要一个 ZZ。

第 4 章 改下脑回路

ZZ 最重要的作用，就是给孩子的负面情绪一个夸张又合理的出口。

这里的"夸张"很重要，首先因为夸张好玩、好笑，但第二个，也是更重要的原因，就是对孩子来讲，有 150% 的形式，才有可能表达 100% 的情绪，如果只有 100% 的形式，那么就只能表达 75% 的情绪（数字并不精准，理解我的意思就行）。通过夸张，孩子知道"你真的懂得我的情绪"了，也才能"放下"。

合理，是因为孩子其实并不是不知道自己的要求有时候是不讲道理的（嗯，我知道这句话有点绕），但如果你说她不讲道理，那她是绝不会承认的（别说孩子了，我们不也一样吗？）。所以通过 ZZ 这样一个不讲道理的"人物"说出来，一切就都合理了——

"妈妈"是光荣、伟大、正确的；ZZ 可以仗义执言，说出真相；"妈妈"还会偶尔劝一劝 ZZ："哎呀，姥姥也没那么差啦！"

所以你说，是不是每一个孩子，都需要一个 ZZ？

感觉这里应该带一个 ZZ 的购买链接了。哈哈，开个玩笑，其实孩子喜欢的任何玩具、物品都可以被赋予这样的身份。

所以，道理很简单：

要"解扣儿"，需要先回到"扣儿"上，顺着扣儿，才可能解开。

但做起来不容易，因为我们只想让这个扣儿消失，最好一刀剪断！

这样不可以，因为如果真的"剪断"，那剪断的可不仅仅是扣儿,也是你和孩子的连接、孩子无从表达的情绪和没被看到的需求。

怎么改?

其实也简单,就是"呼吸":

第一点,察觉孩子有情绪的时候,允许自己做一个呼吸,提醒自己,先不着急逃跑。

第二点,给自己一个短暂的停顿,做一个呼吸,几秒钟就够。

前面我和儿子聊开坦克的例子,我的转念也就花了几秒钟。

如果我们给自己一个短暂的停顿、一个呼吸的时间,

也就给了自己提升智慧的可能。

最后一点,也是很重要的一点:做不到也没关系。

我经常做不到,

没关系,很正常!

当你意识到做不到的时候,其实你已经开始进步了。

而且,机会不止一次,下一次再加油!

为了能支持笨拙的自己做好脑回路转换,我开发了几个超级管用的神器!

我觉得这个得申请专利!

在这里就这么和盘托出,太亏了!

好吧,你们要赚大了!

所以,

当当当当,准备好了吗?

我要开始大揭秘了!

第 4 章 改下脑回路

超级神器一：用好"三界"

首先，讲一下我这个"科研成果"重要的理论框架：

在任何一个家庭里，都存在三个"界"［电影《功夫熊猫》里的那个大词，叫"界"（Realm），凡间是一个"界"，灵界是另一个"界"］。

第一界，是成年人的界，就是你和其他"面目可憎"的成年人组成的世界，喜欢讲逻辑，爱发火；

第二界，是孩子的界，是当下的、美好的、充满想象力的，但看起来有点乱糟糟的世界；

第三界，是毛绒玩具的世界！

现在重点来了，

这三个界的关系，是剪刀、石头、布或者老虎、棒子、鸡的关系。

成年人管儿童，儿童管毛绒玩具，但是毛绒玩具也可以管得住成年人！

毛绒玩具在家里的角色，一方面是孩子们的玩偶，另一方面是孩子们的保护神。

它们一旦发现成年人欺负儿童的行为（嗯，这太容易发现了，每天都有！），就会在小本本上记下来，以后就可以对成年人提出警告，加以惩罚！

好，重要的理论基础有了，接下来就看怎么用啦：

你今天对孩子很凶，孩子伤心地离开了，过了一会儿你后悔了，该怎么挽回？

你可以去道歉，但道歉即使够真诚，也是不够有趣的。

这时候，毛绒玩具就出场了！

可以是恐龙团团，或者是狐狸 ZZ。

它们义正词严、摇头晃脑地对你说："我刚才可是看到了，也听到了，你这样对我的主人，是不可以的！我要给你记下来！扣100分！你必须向我的主人道歉！"

然后你惊慌失措："啊，竟然让你看到啦，不好啦！我错啦！我现在就道歉！"

然后你低声下气，孩子扬眉吐气。

这个第三界，可以帮你大忙：

第一，孩子突然觉得有了靠山！

请换位思考一下，如果你总被一个个子大、能力强、脾气臭的人管着，多痛苦！

现在这个靠山，不仅是孩子自己的小玩具，而且神通广大，竟然可以管得住这个大个子的成年人！

好爽，有没有？

第二，给孩子要说的话一个出口！

孩子的情绪、不满，可以通过毛绒玩具的嘴说出来。

他们对你的不满，可能每天都有一大堆，

第 4 章　改下脑回路

孩子的情绪也是，

能说出来，好过瘾，有没有？

第三，给很"差"的你一个台阶下！

让你低三下四地对孩子道歉，你可能会说不出口。

但通过一个毛绒玩具之口，说起来毫无压力，而且多夸张都可以，

越夸张，越有趣，也越有效。

好有用，有没有？

有了这个方法，你还可以有各种发挥。

这里继续派发免费礼包（我真是亏大了！）：

发挥一：

你早上发了火，孩子们缩着脖子上学去了，

等他们回来，你惨兮兮地说：

> 哎呀，你们知道吗？今天你们出门上学以后，家里所有的毛绒玩具都飞起来了，在屋子里面像坐着火箭一样来回飞，可把我吓坏了！
>
> 他们一个个都飞到天花板那儿，从上到下批评我："你对我的主人太不好啦，我们已经把你的所有恶行都记下来了！会一条一条上报给玉皇大帝的，你准备好倒霉吧！还不赶快认罪，要不然你就没资格再陪我们的主

人吃饭啦！"

孩子们都津津有味地听着，听到你要受到"惩罚"，那是掩饰不住的心花怒放啊！

他们期待地问："那后来呢？！"

"还'后来'？当场就把我吓坏了啊！我就连忙说：'哎哟哎哟，对不起我错了，请千万不要把我报上去啊，我以后一定改！'"

他们看到对他们发火的妈妈竟然受到了这样严厉的批评和惩罚，哎呀，那叫一个高兴。

他们完美释放，你也完美道歉。

发挥二：

孩子走了，你把所有的毛绒玩具都放在床上，对着你的方向（你常坐的地方，或者你的床）。孩子回来看到，你就说："你知道吗？你一走，他们就在这里集合了，数落了我一天啊，说昨天我和你说话的态度太凶。昨天要求你这个，要求你那个，简直太过分了！"

发挥三：

不止能飞，还能拉"粑粑"。

你要是说了什么"坏话"，孩子说："你太凶啦！"

然后抱起毛绒玩具，对着你"噗噗噗"。

第 4 章 改下脑回路

▲ 他们还会很酷很凶地趴在拖鞋上瞪着你

你抱头鼠窜:"哎呀!好臭啊!改了改了,我好好说!好好说!请问大王,咱们去把作业做完行吗?"

然后别忘了,去把脸上的"粑粑"洗干净。

你看,超级神器厉害吧?

本人独创的三界超级无敌大法,拿走不谢!

超级神器二:设置"特权"

在家庭里,孩子"弱势",父母"强势"。

放着可以轻易用的强势和权力不用,是很考验人的!

这就是事实。

所以,超级神器之二来了:

自己制约一下自己的权力。

这个当然很难，哪个独裁者不想大权独揽呢？
所以需要工具来制约你的权力！

工具就是，当当当当：

"特权卡"！

一迪8岁生日的时候，我绞尽脑汁想生日礼物。后来灵光一现，与其买东西，不如给孩子"特权"。我拿硬卡纸做了12张小卡片，标上"特权卡"，每张卡片上面有一颗小星星。有了这张"特权卡"，孩子就拥有了"特权"，可以对我"发号施令"。

后来我担心老大、老二嫉妒，所以也给了他们几张，但是没有12张，而是距离他们生日月份还有几个月就给几张。孩子们收到之后，都表示很喜欢这个礼物。

▲可以"发号施令"的"特权卡"

怎么用呢？会不会被"滥用"呢？

第 4 章 改下脑回路

我们开了个家庭会议，讨论"特权卡"怎么用。

大家同意这张卡不用于消费（我狡猾地放进去的条件），规定只与体验相关。

譬如，孩子特别想看某部电影，但我不想看，有了这张卡，我就必须陪孩子去看。孩子特别想玩什么，我不想陪着玩，有了这张卡，我就得陪。

我还专门为此配备了一个打孔机，使用一次，打一个孔，特别有仪式感。

这种卡直到现在我们还在用。

最近一次使用，是正在写这本书期间，2023 年 10 月。

晚上我准备和一迪上《妈妈的中文课》，

她说："妈妈，我不想上课，我想做手工。"

我心里肯定是不乐意的，还要赶进度呢！还有目标呢！我不想答应。（你看，这就是拥有特权的人的心理！）

但毕竟是自己给出去的特权卡，这"苦果"不吃也得吃。

我只能说："好吧，那就陪你做。"

于是就有了那个在我的视频号"李一诺"上很多朋友喜欢的、用破袜子改成毛绒玩具衣服的视频。

两双破袜子，成了 ZZ 以及她的弟弟树獭 Slothey 和妹妹狗狗 Doggy 的衣服。女孩子们有背心短裤，树懒弟弟有一条很潮的背带短裤。简直不要太幸福啊！

怎么样？这个特权卡，也是超级大神器吧！

拿走，不谢！

▲ 用破袜子给毛绒玩具们做衣服

第 4 章　改下脑回路

♥ 说说心里话

每个家庭，都需要一个 ZZ

01

前面的这些小故事，涉及的其实是孩子和成年人的几个核心矛盾。因为有这几个核心矛盾的存在，做父母才会这么难。

第一个核心矛盾，正如第 3 章提到的，孩子是生活在想象世界里的，而成年人似乎总是急着把孩子"教育"回现实里。

其实这完全反了，好的家庭教育应该是让孩子尽量长时间地生活在想象的世界中。

你也许觉得这不靠谱：将来怎么"适应社会"呢？

但是你想想，那些事业成功的人，艺术家也好，创业者也好，各个领域的"大家"们，如果寻找一个共同点，那不就是他们一生都生活在自己想象的世界里吗？所以有什么不可以呢？

在想象里不是"不现实"、不食人间烟火、不懂人情世故，而是不能只懂现实、只懂人间烟火、只懂人情世故。而这"只"之外的东西，就是从童年保留下来，并不断在被支持中发展的。

所以**做父母的**，能给孩子的最好的礼物之一，就是支持和扩大这个想象的世界。而且这投入很小——不需要买房买地，只需要你放下自己的世俗焦虑，和孩子进行几次对话就可以构建。

讲到这里，你可能就会理解，为什么玩具、娃娃对孩子有不可或缺的意义，因为这些是孩子进入想象世界的抓手。

除了对话，玩偶还可以构建孩子的很多能力。比如，ZZ小朋友有妈妈和太姥姥给做的时尚露背裙子，有妈妈和姥姥给做的时尚背包，妈妈还给他做了全套的课本、文具，疫情防控期间为了出门方便，还做了口罩（用袜子做的，ZZ嫌臭，不喜欢），妈妈还给画了好多画像。你看，手工美育、写字认字，都涵盖了！

02

看到这里你也许会觉得，这要花好多时间啊！孩子每天有那么多事要做，哪有时间做这些？！这就涉及孩子和成年人的第二个核心矛盾，前面"回路二"里聊的，关于时间的矛盾。

成年人要学会"活在当下"，其实孩子就是一直活在当下的。

孩子做一件事，很容易全神贯注、心无旁骛，成年人则很难。

这是因为我们不是生活在过去，就是生活在未来。不是为过去懊悔，就是为未来担忧，而且每天在不自觉地把这些懊悔和担忧投射到孩子身上，用"为孩子好"和"教育"的名义，把他们从最宝贵的"当下"拉了出来。

想想你为孩子做的这些努力，为了成绩好、学校好、工作好，这没什么不对，但问题是，然后呢？人生到最后，追求的是什么呢？最高的"成就"不是钱和物本身，而是幸福生活的能力，是吧？幸福的最高境界是什么？无非是开悟，是吧？开悟，就是时时刻刻活在当下，拥有无尽欢喜。

所以你看，孩子们本来就在这欢喜里，你却不停地花钱，费力地把孩子拉出来，你说这是不是比"买椟还珠"还要愚蠢？

当然，家庭教育也不能不注重学业，学业当然也很重要，但是学习好最重要的底层能力是专注力，而专注力从哪里来？就是从这种能浸入的状态中来，所以这些本来就是不矛盾的。能玩好的孩子，一定能学好，需要的无非是合适的形式、情景和引导。

这两个核心矛盾，其实道理不难懂，难的是做到。

03

为什么做不到？

大家有没有注意到前面我提过的一些词，"大脑—逻辑—情绪—放下—当下—浸入"，其实从大脑，到逻辑，到情绪，到放下，到当下，到浸入，这其中的一系列转变，是我们每个人修炼内在的终极功课。

再来看我和一迪的"卫生间危机"。在亲子之间遇到任何状况时，成年人总是希望尽快逃离——逃脱这个情景，但实际上，想要真正解决问题，我们需要的是入局。前面我用的那些办法，讲逻辑，讲道理，给建设性意见，表面看上去合理而利落，但其实都是想赶快逃离、赶紧解脱而已。与孩子相处，你越是急着逃离，就越是跑不掉。你得入局，进入这个场景里，进入角色里，进入情绪里，在这个场景里进行自我批评，为孩子的情绪找到出口，才能真正解决问题，即通过"入局"实现"逃离"。

这也是孩子和成年人的第三个核心矛盾，"回路三"的观点，即我们总希望逃离，但实际上孩子需要我们入局。

我们为什么想要逃离呢？因为我们自己的内心有多重障碍，比如，我们不愿意面对冲突，不愿意面对情绪，我们要"赶时间"，等等。但现实是，你越想跑，越跑不掉，执意要逃离，最后的结果就是深陷困境，而只有当你愿意入局时，才有可能尽快逃离，这就是我们和孩子相处的一个核心悖论。

所以说，做父母，最重要的，不是学习那些表层的沟通技巧和语言，而是面对自己内心需要做的这些功课。

因为我们的内心状态，其实对孩子有着最深刻、最全方位的影响。

一方面，你内心对孩子、对世界、对自己的评判和限制，对孩子产生的潜移默化的影响，都远远超过学校和老师所给予的。

另一方面，每一个父亲或母亲又都是幸运的。因为孩子的降临，是我们内心成长的机遇。孩子是我们的镜子，能照出最全面的自己，包括那些我们最不希望别人看到的特性。

其实很多父母的样子——包括我自己——在孩子面前，是充满矛盾，有时候甚至是面目可憎的。你不信？给孩子一个机会，

第4章 改下脑回路

模仿一下他们眼中的你，你肯定会收到"惊喜"。你的虚伪、假装，在孩子面前一览无余。

别问我是怎么知道的……

所以别看我说得头头是道，无非是从孩子眼里看到了自己吓人的样子，进而在慢慢觉醒而已。

但是没关系，看到自己在孩子眼中的样子，就是进步。当我们敢于面对这些，我们也就踏上了成长型父母的道路。养育孩子，最终是我们的自我完成之旅。当我们能够"醒来"，成为更好的自己，就能成为孩子的好父母，这两者本就是一回事。

回到前面洗澡的事。一迪洗完澡，开始上演第三幕，浴巾、浴袍和包头毛巾在浴室外面"争吵"，为了谁先进去包住一迪公主这件事"吵"得不可开交。

浴巾："我要先进去，因为我可以擦干一迪身上的水！"

浴袍："我先进去，因为我有独角兽的帽子，我最可爱！"

包头毛巾："我先进去，因为只有我可以吸掉头发上的水……"

他们三个把玻璃拉门拉开个小缝，然后往里"挤"，最后一迪严肃"下令"："浴巾先进来擦，然后浴袍，最后包头毛巾。不要着急，按照我说的顺序来。"外面三个说："好的，还是一迪公主英明！"

场景三也愉快地结束了。

你看，什么都可以演。

最后，我说过我最偏心一迪，这么说看上去态度不正确，但是我可以圆回来：为什么最"偏心"一迪，因为我当妈妈也是慢慢学习的，到一迪这里最会演。想想在老大小时候，我就没这本事；到老二时我的"业务"也没这么熟练，因而现在回想，常常心生愧疚。所以，不是说真的偏心，实在是曾经的能力有限，而到了老三这里进步了一点而已。

你看，我圆回来了吗？

所以，没有哪一个人是静态的。每时每刻，我们都可以反思和自省，继而进步。

期待与你一起。

第 5 章
破除"扫兴父母"的魔咒

看到了一篇文章,主题其实并不新颖。
文中引用了网络上年轻人的一段话:

"扫兴的父母有一种魔力,
跟他们倾诉烦恼,烦恼反而会加倍。
跟他们分享快乐,快乐反而会消失。"

这精准又可悲地勾画出了无数父母的面孔——
用力过猛,苦大仇深。
因此,高兴起来都很难,更别说"笑"了。

"爱"怎么就变成了"痛苦"

哪个父亲或母亲会不爱孩子呢?
但"扫兴父母"的问题是,

心底的爱，转化成行为时往往变成了要求、胁迫，甚至道德绑架。因为，心底的爱到外化的行为的过程，中间要经过一个"大染缸"，其中盛满了对生活的担忧：

害怕不够好，

害怕不够强，

害怕生活得不如意……

以至于，所有的"爱"，经过这个染缸后，都变成了"要求"。

这种"爱"，对孩子来说，就是灾难。

从根上怎么解，我们后面再讲。

这里先给父母几个日常提醒：

> 1. 你的首要任务是为孩子创造愉悦的环境；
> 2. 好的家庭，每天都应该有笑容和笑声；
> 3. 你现在做的一切，都会成为孩子长大以后记忆的一部分；
> 4. 在成长经历中，你最喜欢的成年人是什么样子的？有没有一个人，总是对你"无条件接纳"？如果有，向他（她）学习；如果没有，就自己学会；
> 5. 每次在和孩子说话或者做决定之前，先问问自己：我这样说或这样做，孩子会有什么样的感受？然后再开始行动。

在这几个日常提醒的基础上，我们就可以尝试运用以下几个方法，从根上破除"扫兴父母"的魔咒了。

但是，这几个方法看上去都——

"大逆不道"。

一、不提要求，而给力量

前面提到"担忧"这个染缸，
让父母把对孩子的爱，
等同于提供某种外在的"拥有"或"保障"。
其实父母对孩子的意义，并不只是外在的"保障"。
这个"保障"，即使有，也只是"果"。

父母对孩子最大的意义是：
当孩子想起父母的时候，
内心会充满力量，
感到温暖，感到被支持，感到被接纳，
从而获得对自己的信心，
和克服困难的勇气与力量。
正是这信心、勇气与力量，
让生命得以自由绽放。
所以，这力量才是"因"。

我们只需要争取去做这个"因"。

那么，怎么做这个"因"呢？你会问。

这说起来容易做起来难。
就是自己要成为有力量的人，
而不是依靠孩子的"成就""出息"来给自己力量。
那么，我们自己的力量从哪里来呢？你又问。

从敢于转身面对自己的恐惧而来，
这是人生的终极功课。
现在做不到没关系，只要开始去做就好。
这里有方法，可以看看我的第一本书——《力量从哪里来》。

二、永远和孩子站一边

某高知家长，儿子 7 岁，读小学一年级，有一天着急地问：

> 一诺老师，老师反映我儿子上课时总是小动作不断，让家长配合学校一起纠正。我回家后已经批评过孩子了，下一步该怎么帮助孩子纠正呢？

我说，首先，你的第一步就错了！7 岁的男孩，有所谓的"小动作"不是很正常吗？

其次，"小动作"这种贬义的描述本身就是反教育的。

第 5 章 破除"扫兴父母"的魔咒

因为,就算孩子的行为真的有问题,也是可以提醒和改正的,而不是必须批评的。

他在学校挨批评后可能已经感到莫名其妙了,如果这个批评又是公开的,那么别的孩子可能会认定他不是一个"好孩子"。

对 7 岁的孩子来说,当别人在批评或者疏远他的时候,
家是他最后的港湾,
如果孩子在你这里收到的依然是批评,
那他就无处可去了。
有些家长为了证明自己的努力,甚至可能会更严厉。
站在孩子的角度想一想,他是不是很可怜?

请记得,
作为孩子最后的港湾,
永远不要站在孩子的对立面,
提醒自己永远和孩子站一边。

这时候,你脑子里的"警察"可能会跳出来:
总是这样,孩子怎么能进步呢?他的行为怎么能改变呢?怎么能被学校和老师接纳呢?

这里让我们退后一步,想想我们的教育目的是什么。

如果是让孩子改变行为,那么一个必需的前提就是,孩子愿意听你说话。

我妈有一句名言:不管说什么,先入耳,才能入心。

怎么才能入耳呢？

孩子只有感受到我们对他的接纳和支持，才有可能"入耳"。

如果站在他的"对立面"，道理再正确，也很难"入耳"。

但是，所谓"和孩子站一边"，不是违心地告诉孩子，他所有的行为都是对的，而是要在底层接纳孩子。

在这个基础上，再就孩子的行为给反馈、提建议。一土学校给出的反馈原则是：**具体、友好、有帮助。**

这三条原则的底层假设，就是你要和接收反馈的人站在一边，共同面对"问题"。

重点来了：要面对的是这个"问题"，而不是眼前这个"孩子"。

请记住，

孩子不是问题，孩子需要你的帮助去解决问题。

这里面真正的难点是，家长曾经也是这样被教训长大的。

所以，在听到孩子"有问题"的那一刻，就会条件反射地跳进"大人"的角色，开始下意识地教训孩子。

如果给自己一点时间，看到自己内心那个害怕被训斥的"小孩"，就会做出不同的选择，而不是把这种模式复制到孩子身上。

曾经不喜欢的事情，我们可以在自己这里终止。

我们是具备这样的能力的。

三、讲道理就是欺负孩子

讲道理就是欺负孩子。
为什么这么说？

首先，成年人可以头头是道地讲道理，而孩子的语言能力与成年人差得很远。孩子看似在"听"，但可能根本没听懂你在说什么。即使听懂了也无法平等地表达他的观点。
这对孩子来说是"不公平"的。

其次，对年龄小一点的，尤其是7岁以下的孩子，他们的语言不是"语言"，是玩耍和互动。用语言沟通的道理，于他们而言似乎是属于另一个世界的。
所以，你讲的每一番大道理，于孩子而言，都是在降维欺负他。

再退一步说，如果"欺负"真管用，也行。
真相是，即便是看上去"管用"，也只是暂时的。
他们会因为不知道怎么回应而沉默，
但并不明白自己错在哪里，更不知道如何去改。

那怎么办呢？你会问。

前面讲到了，

孩子的语言是玩，是参与。

相比讲道理，用"玩"的方式解决问题，要有效得多。

比如想让孩子好好吃蔬菜，与其给孩子做一个营养讲座，不如让毛绒玩具扮演不爱吃蔬菜的小朋友，你和孩子一起给它讲讲，为什么吃蔬菜对身体好。

我们家每天早上都要喝果蔬汁——用芹菜、冬瓜、香蕉、苹果、橙子加上酸奶打成的果蔬汁。

一迪一开始喝得不积极，但也知道喝它对身体有益。于是我们吃饭的时候，经常也给毛绒玩具倒一杯，我夸张地给毛绒玩具介绍喝果蔬汁的好处。后来一迪也会很起劲地教育她的"孩子们"喝，效果好得很！每个"孩子"都一饮而尽（实际上当然是一迪喝的，哈哈）。

▲ 毛绒玩具"喝"果蔬汁

四、快乐从"打破规则"而来

我们都知道规则很重要,
但真正理解和遵守规则,
是从允许孩子打破规则开始的。

这并不是说允许孩子无视规则、违法犯罪,而是让他们理解生活中的很多"灰色地带",了解并建立边界感。

这里的一个重要"悖论"是,边界感是通过触碰边界才建立起来的。

每个孩子,在两三岁的时候都会不断地尝试去打破规则:洗澡水为什么不可以喝?妈妈的平板电脑为什么不可以坐?……

孩子在这个年龄段的探索行为都是正常的。我们不必带着情绪去指责孩子的这些行为,它们是通过触碰边界来理解和建立规则的正常过程。

孩子大一点之后,偶尔无伤大雅地打破规则,其实会给孩子带来很大的快乐。

有一天,我和鲁迪、一迪在超市挑菜,他俩突然咯咯傻笑起来。我问怎么了,他俩对视一眼,神秘兮兮地说:"猜猜看,我们居然露屁股了!"原来,他俩穿着长外套,偷偷把裤子拉下一小截,露出了一小截的屁股。他们在超市里悄悄踱步,享受没人注意到的小刺激。

他们的"小恶作剧"虽然调皮，但只有自己知道，也没给周围人造成困扰。

这让我想起，蔡志忠讲他小时候在巷口看到穿着高跟鞋走过来的女人，会想，如果这个高跟突然断掉会是怎样的一番景象。这种打破规则的想象给儿童时期的他带来了无尽的欢乐。

我们哪个人又不是呢？

通过无害地打破"小规则"，让我们得到某种打破规则的快乐，继而更牢固地建立规则意识。

如果一个孩子从小被规训这不许做那不许做，反而会生出逆反心理，用不合时宜甚至极端的形式去打破规则。

所以，

允许孩子在不妨碍他人的情况下打破一些小规则，这对孩子建立规则意识和发展健康的心理都是有益处的。

变果汁的魔法师

在我和王占郡老师的一次直播里，他分享了自己女儿三四岁时的一件趣事。

有一天，全家人——爸爸、妈妈、女儿、儿子还有姥姥、姥爷，都坐好了准备开饭。

这时候，女儿瞥见桌上的橙汁，突然说："我想喝

第5章 破除"扫兴父母"的魔咒

苹果汁!"但家里的苹果汁已经喝完了,要想喝只能去买。家长们轮番进入了"讲道理"模式:

家里没有了,先喝橙汁吧,橙汁也很好喝的!

马上开饭啦,现在去买,回来饭都凉了!

哎哟,喝什么不一样啊?!

但如我们所预料的,讲不通!孩子开始哭闹,一定要苹果汁。见状,姥爷开始不耐烦,认为爸爸和妈妈的教育方式有问题,摆出一副准备批评的架势。这时候,爸爸(王占郡老师)意识到,女儿的情绪是在玩耍的时候就有了,被叫来吃饭让她更不乐意了,坏情绪没消,她肯定不那么"好说话"。于是他灵机一动,对女儿说:"你知道吗?爸爸最近学了一个魔术,可以把橙汁变成苹果汁!你要不要看我试一试?"

女儿一下子就好奇起来,说:"好啊!"

爸爸接着说:"但是我才刚开始练,水平还不行,也可能会失败哦!"

他拿起那杯橙汁,走到门后面,嘴里念念有词,一只手在橙汁上煞有介事地比画,然后大喊一声:"变!"当然,变失败了。

但女儿已经笑出了声,说:"没事,我就喝橙汁吧。"

这个小故事,完美地演绎了4个"大逆不道":

> 1. 不和长辈一起给孩子提要求；
> 2. 永远和孩子站在一边，看到孩子的情绪；
> 3. 不跟孩子讲道理，不居高临下地要求孩子马上改；
> 4. 打破"常规"，用游戏回应孩子的需求和情绪，同时也避免了大人花费不必要的精力。

是不是无比智慧？

所以，让我们也在生活里练起来吧！

不要误解"接纳"

看了这些，你可能会疑惑，

做到以上4点——不提要求、不讲道理、站在同一边、巧用游戏力，

就够了吗？

做父母的工作就完成了吗？

孩子就能自然而然地找到自己的路了吗？

不是的。

这4个"大逆不道"是给孩子提供好的教育的必要条件，但不是充分条件。之所以讲这些，是因为在当下的养育中，这些必

第 5 章 破除"扫兴父母"的魔咒

要条件往往是缺位的。

而缺少这些必要条件的时候,很多看上去正确、有用的教育方法就起不了作用。

当你和孩子的关系受到了伤害,沟通的空间变得狭小的时候,任何看上去正确的教育方法都失去了在孩子身上由内而外起作用的可能性。

只有当我们有了这些必要条件,那些方法才可能用得上。

那么,我们讲接纳,是不是意味着孩子做什么都可以?

当然不是。

接纳,是从底层上接纳孩子。无论孩子做错了什么,我都不否定他这个"人",不对他下定性的结论(比如,你就是自私,就是坏,就是捣乱等)。不认为孩子是"问题"、是"麻烦",而是意识到孩子只是遇到了问题、遇到了麻烦。他不需要我们贴标签或者否定,他需要我们的帮助。

在这个基础上,我们要针对孩子的行为积极地给反馈、做示范、提供支持,帮助他们改变。

举一个最近的例子:

> 安迪13岁,他喜欢吃虾,有一天早饭我给他做了虾仁炒蛋,做多了,就分给了一迪一碗(鲁迪不喜欢吃,没分给他)。安迪要出门的时候,我发现一迪那一碗并没有吃,就让安迪吃掉它,他吃完后才去上学,因此出门耽误了3分钟。

安迪出门之后，给我发了一条短信，说："妈妈，以后我可不可以不吃早饭了？因为今天你逼我吃一迪的虾，让我要迟到了。你也说早晨做饭很累，做家务很累，那以后你也不用做了，我也不吃了，这样可不可以？"我看了以后很生气，但冷静下来后，开始想应该怎样处理。

我知道我和孩子有良好的关系，有坦诚沟通的基础，因此我决定直截了当地回复："不可以。"

他回了一条："为什么不可以？"

我回："其实你知道为什么不可以。首先，你要迟到了，我理解你很着急，但是我不认为原因是我让你吃了虾，而且这个虾不是"一迪"的。你这样说，无非是让责任看上去是他人的。在出现问题的时候，责备他人是很容易的，但你知道这不是事实。你这样归因，我不同意。"

他没有再回我的短信。

晚上回来，我问他："早晨妈妈给你发的短信，你看到了吗？"

他说："看到了。你说得对，我以后不这样讲话了。"

这件事就这样结束了。

你看，"接纳"并不是说，我们认为孩子的行为都是对的。做父母很重要的一点，就是对孩子的行为做出反馈，支持他

第 5 章 破除"扫兴父母"的魔咒

们成长。但是,能够做出恰当反馈的前提是,我们能够做到前面的 4 个"大逆不道"。这时候,孩子对父母就其行为层面的反馈会更乐意接受。

安迪就读学校的老师给了他一个评价:可塑性强(Coachable),能以开放的心态接受别人提出的建议并就此调整自己的行为。

这在职场也是一个可贵的素质。

而只有当一个人的底层被接纳、有自信的时候,他才会用开放的心态去倾听别人针对其行为层面的反馈,并做出改进。所以,"接纳"和"给反馈"、"改变行为"非但不矛盾,反而是相辅相成的。

♥ 说说心里话

那些育儿理念，曾经离我很远

黄可，写于 2022 年 1 月

  这篇文章是我的好朋友黄可写的，是个很实用的参考。

  大概所有父母都体会过，娃儿们的假期是爹妈难渡的劫。

  若假期宅家，娃儿们一定是没完没了地"拆家"、哭着喊着要玩游戏、争着抢着看电视，结果一定是一地鸡毛，每个人都气呼呼的；若带娃出行，不论是什么形式的旅行，一定都比平日上班更劳心费力。

  一诺家的 3 个娃分别是 11 岁、9 岁和 7 岁，我家的姐弟俩则分别是 9 岁和 6 岁。孩子们年龄相仿，能玩到一起。加之认识多年，我和一诺在各方面都配合默契，所以经常在各种假期前来来回回地商量，如何一起"渡劫"。你看，即使三头六臂如李一诺，面对假期也不是手到擒来、轻松就能搞定的。

  孩子们一放寒假，一诺就带着莲娜阿姨和 3 个孩子，驱车两

第 5 章　破除"扫兴父母"的魔咒

天到我家，休整一天后我们再一同出发。最近这次，一诺到我家时已经是晚上 6:40。而当晚 7:00，她还有一场直播和采访。简单吃了晚饭，一诺就去里屋，关上门开始连线直播。此时在我家，有两条大狗和 5 个孩子，热闹劲可想而知……

很多人了解一诺，大抵是通过文字和视频，而我眼前的一诺是鲜活的真人。两个星期同吃、同住、同玩，我是可以三百六十度无死角地亲近她的。我们的假期安排很普通，去了趟迪士尼，各种排队、走路、吃热狗，然后就是各种沿途旅游景点打卡。两个星期的寒假，热闹是贯穿始终的主基调，此外还有吵闹、疲惫、欢笑和泪水。但一路下来，我们全家人都有了些微妙的改变。这里和大家分享 3 个小故事。

• 故事 1

臭鞋子赛道

我们两家一行 9 人驱车南下，每天都早出晚归，行程满档。

一日，两家娃儿们得到了心仪已久的遥控机器人，虽然当晚回到酒店已是 10 点多，但小朋友们都兴致勃勃地玩起了机器人大赛。娃儿们直接坐在地板上，一迪更是就地取材，顺手就拎了几只臭鞋，放在地上做赛道和障碍物。

此时的一诺虽然已经瘫坐在椅子上，肉眼可见的疲乏，可一看到孩子们拿臭鞋子摆出了赛道，她便两眼放光，直夸孩子们有创意，并和孩子们一起讨论：怎样设计赛道才更合理——太复杂会导致机器人无法完成任务，太简单又会导致无法分出胜负；怎样设计规则才更公平——5个孩子都想玩，怎么设定谁先谁后，谁跟谁比。孩子们改进了好几套方案，进行了好几轮比试，都心满意足了才回到各自的房间洗澡、刷牙、睡觉。

▲ 一诺像拆礼物一样带着孩子们席地而坐，可惜玩机器人时太投入了，没有拍下"臭鞋子赛道"

以上场景，我可以想见，如果换了其他家长（包括我自己），可能会有怎样的反应：

大惊失色，喊：地上这么脏！快起来啊，不能坐在地上玩！
大惊失色，喊：鞋子这么脏！不能玩啊！快放回去！
大惊失色，喊：这么晚了！还要玩？！快去睡觉了！

第 5 章 破除"扫兴父母"的魔咒

而就在前一天,我家娃儿爹还苦口婆心地反复告诫俩娃:"酒店的地板是世界上最脏的地板,永远不要脱掉鞋踩在地板上,永远不要坐在地板上。"此刻,面对兴致高昂且层出不穷地变着花样玩机器人的一大五小,看到孩子们因为不用过于担心其他约束,可以把注意力更多地集中在游戏中的创造性和玩耍的快乐本身之后,娃儿爹开始反思起来:是不是自己平时对小节过于在意,反倒忽略了更重要的东西,抓小失大了?

仔细想想,已经在外游玩了一天的我们,当时能干净到哪里去?下一步本就是要进行彻底的洗头、洗澡等清洁工作,那么在此之前,坐在地板上玩一玩,弄得再脏一点,又有什么大碍?

得到了新玩具的孩子们正在兴头上,为了更好地玩耍,他们脑洞大开,想出各种点子让自己的游戏更合理,而商量着设计赛道和讨论规则的过程,就是他们主动思考、团队合作的过程,在教育者一诺眼里,这都是难得的学习和教育机会。

第二天原本也没有其他安排,大家都可以睡到自然醒。即使孩子们当天稍晚一点睡觉,也不耽误任何事。实际上,孩子们如此尽兴玩耍,整个过程也没有超过一个小时,可满足的心情和对自己感到满意的状态,却是珍贵的。在一诺眼里,这更是要紧紧把握住的和孩子们建立情感、让孩子们喜欢上自己的好机会。而要跟孩子们玩、进入孩子们的世界,就要以他们的方式玩耍。他们喜欢趴在地上玩,若我们非要他们端端正正地都坐在桌椅前来玩,那大半玩兴早就被扫掉了吧。

但是，一诺，你不觉得累吗？你明明已经面露疲乏了呀，这个时候最简单的办法，不就是给孩子们打开电视，或者塞给他们iPad，让他们自己玩，然后我们躺下休息吗？

这些问题我都直接问过一诺。一诺说："你不觉得很好玩吗？你试试投入地和他们一起玩，其实是很有趣的！"

一诺在之前的讲座、文章里反复推荐过科恩博士的《游戏力》（*Playful Parenting*）这本书，我也从这本书里找到了相似的案例。一位繁忙、疲劳的妈妈，之前把和孩子玩乐作为新增的工作内容，认为是让本身就疲惫不堪的自己更劳累的一项工作。但她在真的尝试和儿子一起玩乐之后，母子关系得到了极大的改善，并体会到这种玩耍其实是能振奋精神、消除疲劳感的。科恩博士写道：

> 康妮（这位母亲）逐渐意识到，繁重的照顾责任——做饭、开车、辅导作业、接送、参加体育活动——已让她筋疲力尽，几乎无暇自顾。但当她开始和儿子一起享受欢乐的游戏时刻时，不仅发现孩子对此的渴望与需求，也重新找到了精神上的滋养。从那以后，他们的玩乐时光增多了，而从康妮的话中，我甚至觉得她从中获得的快乐可能超过了孩子。

自己试一试之后，会发现，果真如此。

第 5 章 破除"扫兴父母"的魔咒

• 故事 2

一诺唱大戏

一日晚餐,一迪没吃两口就噘着小嘴不想吃了。没有任何指责或者劝说,一诺开始"唱大戏"。

她捏着嗓子,把一迪盘子里的比萨想象成一个小怪物,用夸张却深得孩子们喜爱的语气说:"啊,小怪物正在偷笑,因为自己不会被吃掉,一会儿可以逃出去干坏事咯。哦,等等,好像自己的一只手已经被吃掉了!噢!啊!怎么办,一只手已经被吃掉了!另一只手是不是也快被吃掉了!啊,啊,怎么办!"一迪被逗得哈哈大笑,一边笑,一边捏下比萨的一小角,塞进嘴里。

一诺继续:"啊,我的小手真的被吃掉了,救救我,救救我呀!啊,现在她又开始看我的小屁屁了,她是要吃我的小屁屁了吗?噢!不!"

一迪大笑,在一旁看热闹的我家儿子本来就对"屎尿屁"感兴趣,听到屁屁被吃掉了,立马哈哈大笑地凑过来,瞬间进入了这个想象中的小怪物世界,在一迪耳边谋划策:"一会儿你吃这个,这个是另一半小屁屁。"一诺配合着这样的情节,继续即兴唱戏:"啊,有一个黑色的小怪物来了,他在给红色小怪物出坏主意!他们是一伙的!哦,不!"两个小朋友一听更加来劲了,嬉笑着,不一会儿整个比萨都被消灭光了。

在一旁目睹这一切的我家娃儿爹惊呆了："一诺，你足足唱了10分钟大戏啊！"安迪笑着对他说："It will end earlier if you play along.（你只有配合着'唱戏'，才能让这一切早点结束。）"娃儿爹问安迪："你小的时候，你妈也是这样给你'唱戏'的吗？"安迪笑着说："是的。"因为亲历，所以明白：**一起玩是及早结束"战斗"的有效方式。**

其实这个方法，一诺早先在不少视频和课件里都讲到过。但直到如今，看到一诺将它付诸行动，也看到了效果，我才真的被折服。

昨晚在家，"蔬菜困难户"儿子又剩了一堆蔬菜不肯吃。我想起当时一诺"唱大戏"的情景，也开始依葫芦画瓢，捏着嗓子脑洞大开地唱起了大戏："啊，爱吃肉的鲁迪已经在你肚子里了，但是不爱吃肉的一迪还没进来，鲁迪好孤单呀，快叫一迪来一起玩。"

儿子听我这么说，赶紧夹了一筷子蔬菜塞进嘴里，并用期待的小眼神看着我。我配合着儿子的咀嚼和吞咽动作，继续"唱"："一迪快来了，鲁迪快有同伴了，太好啦！啊，一迪已经在机场了！啊，一迪已经找到鲁迪了，他们在一起玩游戏了！哎呀，一迪饿了，想要姥姥给她做好吃的！"

儿子赶紧又从盘子里找了颗大一点的花菜，说"这是姥姥"，并一口塞进了嘴里。我自然是接过棒子继续唱："哎呀，太好了，有了姥姥，一迪和鲁迪想吃啥姥姥就做啥，一迪、鲁迪不会饿肚

第 5 章 破除"扫兴父母"的魔咒

子啦！姥姥也到家咯！姥姥要去买菜给大家做好吃的咯，但是姥姥不会开车呀！"

儿子听到这儿，赶紧又找了颗花菜，说："一诺会开车，这是一诺。"说完就塞进嘴里。还没等咽下去，又找了一颗小花菜塞进嘴里，说："这个是车！"

我笑得不行："太棒了！一诺开着车，叮零哐啷，哔哔叭叭，哟吼，回家啦！回家发现，咱家 3 个娃娃，现在怎么只有俩呀？安迪呢？安迪哪儿去了？安迪，你在哪里呀？"

儿子从盘子里扒拉出一颗不大不小的花菜："这是安迪，他上学去了，现在回家！"

"噢，安迪。安迪走哪儿都拿着书，安迪的书呢？哦，安迪找到他的书了，现在一起回家啦！"配合着我的大戏，儿子不停地从盘子里翻找花菜塞进嘴里，咀嚼、吞咽。

"一诺开着车，带着姥姥和安迪、鲁迪、一迪去买菜啦！哎呀！车没油了！"儿子的小眼神快速搜寻了一遍餐桌，端起自己的牛奶，对我说："这是油，我要给车加油了！"随即，他咕嘟咕嘟地喝下整杯牛奶。此时儿子的盘子已经干干净净，花菜一颗不剩，牛奶也全部喝完。儿子摸摸自己圆滚滚的小肚皮，成就感满满地说："哈哈，他们都在我的小肚子里啦。"

娃儿爹直夸我这是一诺上身了，活学活用，效果极好，请我以后务必多"唱戏"。而我自己，在完全放下之前无效且烦躁的处理方式、开始实践新的方法之后，真的体会到了：不生气、高高兴兴的，也能解决问题。

目睹一诺和我这样处理问题并有成效之后，女儿很快也学会了用这样的方法和弟弟相处。在最近一次大家一起叠衣服的家务活动中，儿子一如往常地觉得乏味枯燥，便拖拖拉拉，这里摸摸，那里捶捶，最后只剩他还有一小堆衣服没有叠完。女儿灵机一动，说："弟弟，你玩'植物大战僵尸'这个游戏的时候，是喜欢植物还是僵尸？"弟弟说："我喜欢植物。"姐姐说："那你看，你这一堆没有叠的衣服，就是一个个僵尸，你就是植物，我们现在要把僵尸打败。把袖子折起来就是豆子打到僵尸的手，把衣服放到抽屉里就是把僵尸全部关进笼子里。"儿子听完立马来了兴趣，三两下就把一堆"僵尸"都关进了"笼子"里。

我也在反思：其实以前一诺劝说过我很多次，要用玩乐的方式解决孩子的问题，为什么我迟迟没有这样做呢？自我剖析一下，大概存在两个阻力：一是心中有一个微弱但始终存在的质疑声："这能有用吗？"二是觉得自己学不会、做不到。

关于第一点，因为我们常常心存怀疑，所以连试都懒得试，觉得自己早已知晓结果，何必白费力气。从来没有去"行动"，当然不会有用。至于第二点，我9岁的女儿在看了一诺和我的两次示范后，很快就学会了，并且在之后不止一次地这样成功解决过问题。说明方法是能学会的，且跟智力、学历通通无关。它并不高深。**试一试**，你会发现它没有想象中那么难，而是有趣且能带来更多欢笑的。

• 故事 3

连上 3 堂动画课

迪士尼乐园里有一个动画学院，教大家画卡通人物，一堂课大概 20 分钟，每半小时就有一堂。孩子们上完一堂课，都意犹未尽，想再上一堂。于是，我们一行人又排队入场，上了第二堂。

但这一次，我 6 岁的儿子对自己的作品非常不满意，出来以后看到姐姐和其他小朋友的作品，对自己的更加不满意了。无论我怎么肯定他都没用，因为是他自己不满意，无关乎旁人的评价。

儿子开始生气地跺脚、甩手，眼见火山就要爆发了。这时，一诺走过去，揉着他的背说："宝贝很生气是不是？宝贝不喜欢自己画的是不是？"儿子很生气地用力点点头。一诺又抱着他，说："宝贝是不是想再试一次？"儿子又用力点点头。一诺说："好，那我们就再去上一堂。"接着一诺问其他 4 个孩子，还有谁想再上一堂动画课。4 个孩子全都表示想去。就这样，孩子们连续上了 3 堂动画课。

儿子对自己第三堂课的作品满意极了，特别自豪地跟我分享哪些是老师教的，哪些是他自己添上去的。儿子自豪满意的小模样，跟 20 分钟前的小生气包，简直判若两人。

▲ 孩子们在动画课上画的画

在这个真实的小故事里，一诺首先是帮助孩子表达当时的情绪。儿子对自己的作品不满意，很明显是在跟自己生气，但他自己也许并没有捋清自己的情绪，也无法完整准确地表达出来。一诺就是在帮他陈述和表达当时的情绪。这样他立马就感觉到"你懂我"，气也就消了一半。

如果跳过，不做这一步，直接给他建议，他当然是听不进去的——**在情绪还没被疏导的情况下，孩子是不可能调动理性去解决问题的。**这样的沟通方法，是一诺苦口婆心向家长们建议过多次的，在"一土全村"里也有详细、系统的课程。

从这个小故事中，也能看出一诺很尊重孩子们的选择。也许在很多大人眼里，迪士尼里那么多好玩的项目，连续上3堂动画课，多浪费时间呀！可我们去迪士尼，不就是为了让孩子们有愉快的体验吗？如果上3堂动画课是孩子们都想做的事，我们就应

第 5 章 破除"扫兴父母"的魔咒

该尊重他们的选择。**我们的角色是支持孩子们去做他们觉得有趣的事,而不是让他们跟着我们的价值判断,做我们眼中"性价比最优"的事。**这就是她平常一直在给家长们反复说的:得从孩子们的角度出发。

一直以来,一诺都是尽力满足孩子们的合理要求,不搪塞、不敷衍、不强求。但什么要求才是"合理要求"呢?谁来定义孩子的要求是否合理呢?作为家长,如果有对合理的定义权,并且每次都只从自己的角度来衡量一件事情是否合理,这本身是不是不公平呢?是不是很多时候,仅仅因为孩子们和我们的想法不一样、喜好不一样,我们就给他们贴上"要求不合理"的标签呢?就比如连上 3 堂动画课这件事,你会不会觉得,已经上过两堂了,再上第三堂就是不合理要求呢?或者,你会不会觉得,小孩子对自己的画不满意,这本身就是矫情、不合理呢?

你看,如果贴标签的权力在家长手里,家长是不是很容易就把自己不喜欢或者不愿意做的事贴上"不合理"的标签呢?所以在分辨孩子的需求是不是合理这件事上,家长本身就要做到公平和自律,不能只随自己的喜好。要不,就成了欺负小孩了。

我所熟悉的一诺家的 3 个孩子,每个都有自己的个性特点:安迪是行走的"小百科全书",安静、爱读书、知识面广;鲁迪爽朗直率,搞怪有趣又豁达,出乎意料地竟是 3 个娃里对弹钢琴最感兴趣的那一个;一迪是个体贴的"小精灵",是化解矛盾的高手。

他们并没有因为需求一直被满足而变得刁钻任性或自私。相反，他们特别明事理，懂得体恤和安抚身边的小伙伴。

我儿子是5个孩子中年龄最小的，面对两个比他强大的哥哥，他总是很容易就变成"好斗小公鸡"，常常着急得脸红脖子粗。一日，不知因为什么，儿子又气鼓鼓的，一副马上就要爆发的样子。我这个亲妈都恨不能两眼一翻，背过身去不看他、不理他。小一迪这时候居然迎难而上，手里拿着一小块软糖，走向我儿子，轻轻碰碰他的手肘，给他看自己手里的软糖，再悄悄塞到他手里，好像这是他俩之间的小秘密，是只有我儿子才能得到的优待一样。

当时的场景简直滑稽极了：原本这个气鼓鼓的、马上就要发作的小怪兽，一下子像被拔了气门芯一样，完全没了气，眼神里又是惊喜又是感激又是愉悦，整个人都温和欢喜了起来。那一刻，我真是对小一迪佩服极了。这一定是平日里哭闹不满时一直被温柔对待，她才懂得不去嫌弃别人的哭闹和不满，而是给予温和友善的慰藉。

在一诺一家回程的前一天，小姑娘一迪特别认真地根据我儿子的特点设计了一个表格，帮助他改善一些行为，养成一些好品质和好习惯。这些天，每次一诺跟我们聊起孩子的教育话题时，在一旁的一迪都会特别开心又得意地说："你们在上我妈妈的'好父母的课'呀！这可太好了，每个父亲或母亲都需要上这种课！"

第 5 章 破除"扫兴父母"的魔咒

▲ 一迪和我儿子

成长是长期且反复的过程,必须明白且接受这一点,这样面对孩子们的"退步",我们才不那么容易沮丧,继而放弃。现在儿子依旧会突然出现恼怒的情绪,且因自己不知如何处理而气鼓鼓的。女儿依旧会因为生性敏感而眼泪汪汪地生闷气。在给孩子们介绍了"一土"一直在使用的情绪象限管理方法之后,两个孩子也在学着了解自己、帮助自己。儿子说,如果他生气了,我们跟他说一说植物大战僵尸里的各种植物,或者提一提宝可梦(Pokémon)里的各种小怪物,他可能就立马消气了。女儿说,在她觉得难过的时候,如果能搂着、抱着我们家的大狗,她会平静、开心起来。**一开始孩子们也许需要外力帮他们度过情绪的难关,多练习之后,他们就能内化并尝试自己帮助自己。**两个孩子现在能主动地觉察和了解自己,本身就是非常难得的进步。

- 结语

要更多的欢笑

经常看一诺视频的朋友会发现,她从来不会一本正经地给你讲大道理,常常是没说几句便哈哈大笑。现实生活中,她也完全就是这样,每隔几分钟就会来一连串爽朗的笑声。我9岁的女儿就说过,她特别喜欢一诺,因为随便说点什么,一诺就会大笑不止,这让女儿觉得特别放松,也就特别喜欢和她待在一块儿。

作为一个倒着时差开学校、做直播讲座、录课件的人,自己还要养育3个半大的孩子,一诺的烦恼一定比我更多、更大。可为什么她的笑容却比我更多、更大呢?我和一诺探讨过这个问题——当我们都是孩童时,我们中的很多人都会哈哈大笑,并且极易哈哈大笑,只是随着年岁的增长,我们中的很多人慢慢失去了大笑的能力。我们越来越焦虑、紧张、焦灼、不快乐,慢慢地就笑不出来了。

一诺在《力量从哪里来》一书里,专门设置了一个章节讲述那无穷无尽的"烦",开篇导语是这样的:"英雄做的事情不是驰骋沙场,而是平和地,甚至喜悦地面对每天琐碎的'烦心事'。"在另一章《人生的路,如何选择》中,她又谈到我们遇到的事大致可以分为4类,不同类型的事件有不同的指导原则和不同的应对方法。这些做选择的方法,不仅可以实际运用到职场和人生大事上,更可以也更应该运用到日常生活中。书中也有大量实例讲

第 5 章 破除"扫兴父母"的魔咒

解如何将这些理论运用到生活中。

▲ 一行人分别前的奇奇怪怪 pose 大合照

我看到的一诺，总是用科学的方法去颠覆或修正自己的老旧认知，不是依靠本能或者脾性去处理生活中的问题，而是经过思考、学习和沉淀，更科学地去处理。**坚持用这种成长型思维方式对待生活的结果是，她在各方面都能大显身手，且依旧笑容灿烂。**

最后，在近距离仔细观察过一诺这位真正的教育工作者如何养育孩子之后，受震撼和改变最大的是我家娃儿爹，我必须点名表扬。作为一个对读书非常挑剔且不容易被说服的人，他不仅读完了一诺的《力量从哪里来》，且正在阅读一诺推荐的《游戏力》那本书，还每天都去"一土全村"收听给家长的课程。

听完还跟我分享："你知道吗？即使是枕头大战这样简单的游

戏，也不是瞎玩的，里面有很多技巧和学问，只有真的学到且做到了，才能真正建立和孩子的联结，进入他们的世界，让他们接纳你、喜欢你，最后跟你一起成长和改变。"就在我码字这会儿，他正一边拖地板，一边收听"一土全村"的《构建成长环境，让孩子自主探索与多元发展》。

这可太让人欣喜了。

▲ 安迪原本是很害怕狗的，一起相处几天后，不但能逗狗狗玩，还可以和小伙伴一起遛狗了

第 6 章

养好孩子，给他 7 个"充分"能力

前面讲过，4 个"大逆不道"是必要但非充分条件，这部分咱们聊聊充分条件。
有了前面的基础，
我们如何支持孩子底层能力的培养呢？

首先，什么是"成功"？

2023 年 12 月，我和哈佛大学经济学家罗纳德·弗格森（Ronald Ferguson）进行了一场直播对谈。弗格森谈到，他由于关注经济问题而开始关注教育问题，从十几年前开始研究高成就的年轻人是如何被养育的，并基于这项研究编写、出版了畅销书《高成就孩子的养育法则》（*The Formula*）[1]。

他在这本书里讨论了什么是成功，并分享了 3 个关键元素：

---

[1]《高成就孩子的养育法则》已由湛庐文化引进，中国纺织出版社出版。——编者注

第一是 Smarts，就是学习能力；
第二是 Purpose，就是人生方向和使命感；
第三是 Agency，就是对自己人生的掌控感和自主性。

如果一个人同时具备这 3 个元素，他就可以拥有一个有价值的人生。

有了这个对"成功"的共识，我们再看这些成功的、实现了自我价值和社会价值的人，他们其实都具有相同的底层能力。我将其总结为 7 个能力：

整理生活的能力
面对未知的能力
深度学习的能力
非暴力沟通能力
说服别人的能力
认知金钱的能力
面对自我的能力

整理生活的能力

这个能力看上去并不"高大上"，却是每一个"成功"人士的底层能力。我见过不少进了名校，还要把衣服拿回家让父母洗的人。

第 6 章 养好孩子，给他 7 个 "充分" 能力

这种人不管获得多高的学历，作为一个成年人，都是不合格的。

这个能力又包括两个方面：第一是做家务的能力，第二是安排时间的能力。

一、先聊家务

朱莉·利思科特·海姆斯（Julie Lythcott-Haims）是美国的一位知名教育家、作家和演讲家。她曾担任斯坦福大学的新生主任11年，编写了两本畅销书：写给父母的《如何让孩子成年又成人》（How to Raise an Adult）和写给年轻人的《在世界上找到你的位置》（Your Turn）[1]。我有幸和朱莉进行过两次直接的对话。

在 2016 年的一场 TED 演讲中，朱莉提到了一项与孩子的家务活动相关的哈佛大学研究。这项研究是由哈佛大学的心理学家、教育家罗伯特·桑普森（Robert Sampson）推动的，探讨家庭中孩子参与家务活动对他们的成长和未来的影响。

研究发现，**孩子参与家务活动有助于培养他们的责任感、自主性和自信心。**这些技能对孩子成年后独立生活、承担责任以及建立良好的人际关系都至关重要。此外，研究还强调了孩子在家庭中分担家务活动的重要性，这能够帮助他们培养团队合作意识和社会责任感。

所以你看，这个能力其实非常"高大上"。

---

[1] 《如何让孩子成年又成人》《在世界上找到你的位置》已由湛庐文化引进，分别在四川人民出版社、浙江教育出版社出版。——编者注

如何培养呢？

首先，让孩子从小就知道，家务是每个人要做的一部分。因为这是在整理我们的生活。每个人都要学会整理生活，这是我们生存的基础能力。

我一直在和孩子们强调："妈妈顶多养你们到 18 岁，之后的生活就要靠你们自己了，所以这些基本的技能都要学会，而且是免费教你的。"

其次，讲清楚"有些事，不喜欢也得做"。安迪 13 岁时，有一天回来说学校老师和他们讲，人生要想成功就只做自己感兴趣或有热情的事，剩下的事都不必做。这一点我们在很多成功学的书籍或演讲里都看过或听过：只做你擅长的和你喜欢的。

"这两年姥姥和我们住在一起，是不是做了很多的家务？但姥姥原来也是高级工程师。姥姥就一定喜欢做家务吗？妈妈也可以做很多其他事，写书，演讲……我喜欢每天做家务吗？"我对孩子们说，"姥姥有一句'名言'：做家务这个事情，你做了一天啥也看不出来，但是你一天不做就看出来了。"

哈哈哈，真是道出了真相。
这些事，即使不喜欢，也要做，这是人生的另一个真相。
基本的价值观到位之后，就可以聊方法了。

最后，行之有效的方法。我家的方法之一，是做家务排班表，把所有需要做的事情都列出来，大家一起参与讨论，然后排班。

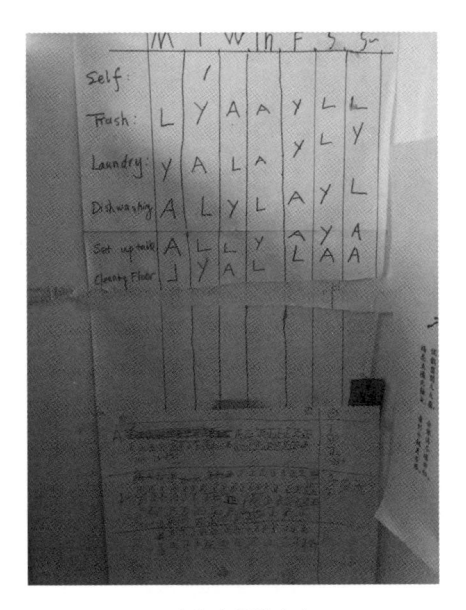

▲ 我们家的排班表

排班的过程，相当于召开了一次家庭会议，其中有以下几层意义。

1. 让所有看不见的家务活都"看得见"。动手排班就会发现，很多以前没有意识到的活儿，都是家务的一部分，洗衣服不仅仅是指把衣服放进洗衣机里，之后还要把衣服叠好。不仅需要洗衣服，还需要每两周洗一次床单、被罩，一边换洗一边还要铺床单。不仅要洗碗、刷锅,还要擦灶台,隔一阵子还要擦抽油烟机,等等。

▲ 孩子们在叠衣服

2. 有机会讨论什么是"公平"。是大的孩子就应该多做,还是大家分一样多的项目?大孩子的完成质量一定更高?周末的排班是不是和工作日不一样?……

这些都没有唯一正确的答案,只要大家讨论后达成共识就可以。如果实施一段时间之后有人觉得有问题,也可以重新讨论修改。

3. "可视化"的教育过程。我们家每次的排班表,都是孩子们自己做的。一迪做的排班表,还会特意做手工装饰,挂在墙上,旁边还配一个小环做的插笔套,满满的仪式感。

二、再讲时间

形成了做家务的习惯和方法之后，其实就可以平移到时间管理上了，也是有以下三步：

第一，感知时间。前面讲过，其实孩子是活在当下的，他们对时间的感知是随着年龄的增长才逐渐形成的。

所以，不要着急，不要认为孩子三五岁的时候就要懂得时间管理，这是违反孩子的成长规律的。

可以从 6 岁左右开始，让孩子有意识地猜测时间。比如告诉孩子一部电影是一个半小时，一集动画片是 20 分钟，刚才做手工差不多用了一个小时，等等，通过把时间说出来，让孩子开始有意识地感知时间。

这种练习进行一段时间后，就到了第二步。

第二，记录时间。孩子到了学龄阶段，可以有意识地记录时间。比如孩子要看书，看完之后可以问一下他"你觉得看了多久"，再看看实际看了多久。通过记录时间，孩子对时间的感知会更精确一些。这里没有"对错"的评判，只是通过记录让孩子对时间形成逐渐精准的感知。

第三，管理时间。管理时间对孩子来讲，最重要的其实就是管理优先级和排序。

每天晚上回家后，先花 5～10 分钟的时间计划一下今晚的时间安排，先做什么后做什么。这是一个晚上的时间管理。如果孩子星期五晚上想看电影，那么之前几天就要把该做的作业做完。这是一周的时间管理。

假期出游一天或者一周，都可以和孩子一起讨论想去哪里、做什么、时间够不够，如果不够应该怎么做，等等。有意识地让孩子参与这些真实的生活场景，就是非常好的时间管理训练。

面对未知的能力

生活充满了未知，未来同样也是未知。

所以，如何面对未知的能力是孩子非常重要的底层能力。

如何培养呢？

其实，不用去刻意地寻找未知，只需要从我们每天的生活开始，从面对新环境开始。我们可能会面临搬家、转学等情况，即使没有，去一个新的地方旅游也是充满未知的。

在这些场景里与孩子的沟通和互动，其实都是在锻炼孩子面对未知的能力。

我们过去几年跨国搬家了好几次。2023 年，我受日本国际交流基金会的邀请，有机会作为访问学者去日本，又一次面临新环境。我把在这个过程中我们总结的如何面对新环境、面对未知的心得分享给大家。

这个项目邀请访问学者的一个要求就是，之前对日本不了解。我确实满足这一要求，对日本知之甚少。于是我和孩子们说，

第 6 章　养好孩子，给他 7 个 "充分" 能力

这个环境对妈妈来说也是新的，我们得一起在这里开始一段新的生活。

我和孩子们总结了快速适应未知环境的三个核心能力。

第一，做饭的能力。人的基本需求，就是吃喝拉撒睡。"吃"是需要能力的。如何用当地的食材，在当地做出符合自己口味的饭菜，既有营养，又能让自己吃好，是很重要的。所以在我的小视频里，你经常看到孩子自己做饭，在日常生活中锻炼这个重要能力。

第二，整理、安排自己生活的能力。这既包括整理收纳物品的能力，也包括隐形时间的安排能力。我们去日本的百元店（相当于中国的五元店），买了好多收纳整理用的小物件，这样就可以把生活用品整理得更好。时间安排上，我们也常常讨论和调整，比如，他们要坐 45 分钟左右的地铁上学，在地铁上的时间可以怎么利用等。

这两个能力，大家可能看出来了，它们也是前面"整理生活的能力"的一部分。

第三，寻求帮助的能力，这也是我们容易忽视的。其实这个能力在哪儿都需要，特别是到了一个新环境时，它就显得更为重要。

刚到日本的第一周，孩子们就开始独立坐地铁上学。一天放

学,到了地铁站才发现一迪的卡余额不足,无法通过闸口。两个哥哥已经在里面了,三人急得团团转,马上用唯一的一部手机给我打电话。我安慰他们:"妈妈可以过去,但要45分钟后到,所以你们先看看周围有没有人可以帮你们。"他们后来自己解决了问题。回来以后他们告诉我,最初没找到人帮忙,因为路过的日本人大部分不太会说英语,听不懂他们在说什么,无法了解他们的困境。但好在他们学校的老师恰好也进站坐地铁,他们主动上前和老师借了300日元,终于顺利买票,化解了危机。

当然,这不是第一次,但有了这一次的经验,孩子们有了胜任感,知道自己可以独立解决问题,以后遇事就不再慌了。

后来又有一次,鲁迪和一迪比平时晚了40分钟才到家,到家以后鲁迪很自豪地对我说:"你知道我们为什么晚吗?因为我们又发现钱不够了,这次没遇到老师,我们只能在地铁口找陌生人要钱。"

鲁迪绘声绘色地总结了这次的经验:

不能找年轻人,年轻人大多戴着耳机,听不见我们说话;
不能找中年男人,他们看上去都比较严肃、吓人;
不能找年龄太大的人,因为他们听不懂英语。

最后,他们找到的是和妈妈年纪差不多的阿姨,并向她借到了300日元。

我一边津津有味地听着,一边又很佩服孩子们。向陌生人借钱,需要勇气,需要察言观色,需要良好的表达能力。这个过程其实非常不顺利，失败了很多次。鲁迪作为哥哥冲在前面，一迪在马路边坐着等。每次看到鲁迪失败了，一迪就哭，觉得没了希望。这样反复几次，40分钟后，鲁迪才成功借到钱。我一方面很心疼孩子们，一方面又很佩服孩子们的勇气和韧性。他们最后成功寻求到帮助并解决了问题。于是我给了每个孩子一个大大的拥抱。

所以寻求帮助不是"偷懒"，反而需要很强的求助意识和能力。这种底层能力对孩子今后的成长以及面对未知，都是非常重要的。

深度学习的能力

深度学习是一个宏大的话题，在这里不能全面细致地论述，但是我想分享几个对于深度学习来说非常重要的底层能力。

如果我们对这些有所了解，就可以在生活中创造条件，进而支持孩子深度学习能力的发展。

第一，专注力。专注力是一切有效学习的底层能力。

专注力其实是不需要培养的，因为孩子天生就具备专注力，比方说孩子们玩沙子、玩水可以玩很长时间，这种专注的能力实际上是孩子与生俱来的。

幼儿对时间没有感知，但是成年人有，所以我们可以自己把握时间，如果能够允许孩子沉浸于某一项活动的时间长一点，就是在给孩子专注力的发展创造条件。

我们能做的,就是给让孩子拥有专注的时间。我每周至少有一天,每天至少有一小时是不做任何"安排"的。孩子可以自己玩。我前面提到过一迪做"奶奶的针线包"这个复杂的折纸作品,就是通过"空出时间"支持她完成的。

第二,把学到的理论放在实践当中验证的能力。学习并不只是做题,当我们把学到的东西用起来的时候,这个知识就变成自己的了。

陶行知说"生活即教育""社会即学校",就是这个意思。一土学校做项目制学习也是基于这个理念。我们在做的过程中用到的知识,会很自然地成为自己的知识。

第三,教别人的能力。当我们能把一件事给别人讲明白的时候,才是真正地掌握了它。

学东西分三步:看一遍、做一遍、教一遍。能教就是真的会了。所以我们可以在家里经常提供机会,让孩子把他学到的东西讲给我们听,教给我们,我们来当学生。可以经常问:"你能不能教教我呀?"孩子在这个过程中其实做了知识的整合,能够将其整合成为自己的知识,这是非常重要的。

第四,质疑的能力。批判性思维、独立思考都是从质疑开始的,所以允许孩子质疑你,指出你的不对,或者对你的想法有不同意见,都是在培养这种能力。

安迪有一个经典的问题："妈妈，为什么你总说生气是不对的，但每次你生气都是对的？"他问得我哑口无言，但这些质疑培养了他独立思考的能力。

总之，深度学习是一个非常复杂、宏大的话题，但如果能在生活中有意识地培养以上4个能力，其实就是在支持孩子深度学习能力的发展。

非暴力沟通能力

非暴力沟通（Nonviolent Communication，简称NVC）是我在40岁以后才深入了解的一种沟通与解决冲突的方法，但实际上它的原则和实践都可以在孩子小的时候就教给他们。因为非暴力沟通的核心理念是通过表达自己的需求和感受，同时倾听和尊重他人的需求和感受，来促进有效的沟通，以此避免冲突和暴力。

意识到这一点就会发现，我们沟通中的暴力是无处不在的。我们给他人贴标签，评判诟病，其实都是暴力沟通。为什么很多父母是"扫兴型父母"，也是因为他们的沟通方式是令人扫兴的，是暴力沟通的一种。

第一，非暴力沟通的起点，其实是自我意识，即从了解自己的情感和需求开始。一土学校的社会情感学习做的就是这样的努力。感知、识别和表达自己的情绪，孩子从幼儿园开始就可以做了。虽然他们听不懂复杂的话语，但我们可以借助工具。比如用颜色来表达：高兴可以是绿色的，生气可以是红色的；处于绿色情绪时可以全力以赴去做一件事，处于红色情绪时可以安静地休息片刻；等等。这都是在使用孩子可以听懂的"语言"。培养社会情感能力就是能够识别自己的情绪，如愤怒、伤心、害怕、喜悦等，以及了解这些情绪背后的需求。

第二，倾听他人的能力，学会倾听他人的感受和需求，尊重他们的观点和底层的情感。我们可以通过倾听，给孩子做示范。比如，用这样一些简短的语句去表明自己在倾听："能告诉我吗？""然后呢？""哦，你有什么感受？""你为什么有这种感受呢？""后来呢？""还有什么是你想告诉我的吗？"

第三，表达自己的感受和需求时，使用"我"开头的语句，而不是使用"你"开头的语句。表达自己的感受和需求，而不是指责或批评他人。比如，可以说"我很担心，我需要你倾听我的感受"，而不是说"你总是不听我讲，不关心我"。

第四，提出建议：我们真实的感受和需求是什么，可以怎么做。

理解了非暴力沟通的原则，我们支持孩子发展这个能力的一个很重要的方法，就是做角色扮演练习。

比如，孩子和朋友起冲突后，他要去和朋友沟通，你可以让孩子扮演朋友，你扮演孩子。这样可以让孩子作为"另一方"把他害怕听到对方说的话提前说出来，同时也让孩子看到你扮演的这个"自己"可以怎样去沟通。

演练后，孩子会觉得：哦，原来我还可以这样讲话，这种方式很棒。

如果家里有多个子女，你也可以两边都扮演，让孩子学习如何表达自己的感受和需求，以及从矛盾到表达到和解的整个过程。

处理人际关系、与周围人达成共识、化解矛盾的能力，是每个人终其一生的功课，所以我们可以在孩子小的时候就引导孩子培养非暴力沟通的能力，他们会受益终身。

说服别人的能力

孩子想要什么，不要马上说可以或者不可以，而是要把这作为一次机会，来让孩子锻炼说服他人的能力。

如果孩子想要一个玩具，你就说："那你来说服一下妈妈吧，说说为什么要给你买。"他们一开始会说"因为我想玩"。你可以说："你想玩跟我有什么关系，这对我来说就是要多花钱。"

他们就会开始考虑这件事会给你带来什么好处。比如："你想让我学好数学，这个玩具很有用啊。""你想让我们几个一起玩，这个玩具就可以啊！"

其实，孩子给出的具体的原因和理由并没有那么重要，重要的是通过这个过程让孩子学会从对方的视角看待和思考问题，这是非常重要的底层能力！学校里，社会上，处处都需要。

在安迪 12 岁的时候，因为有很多电动汽车上市，他提议买一辆。我没空研究，就委托他做调查，看看什么样的电动汽车我们可以买，他很乐意。这个项目很快就启动了，从 2022 年 7 月到 11 月，直到我生日那天买了车，整个过程历时 4 个月之久。中间有很多场我和他之间的"谈判"，几度谈到要放弃，甚至还搞得安迪同学大哭一场。在这里和大家分享几次关键谈判。

谈判一，收费。安迪一开始接了这个任务，说做调查可以，但他得收咨询费，还开价 14.9 元。但很快他又补充道："妈妈，如果在两分钟之内下单，咨询费就可以降到 12.9 元，便宜 2 块钱。"我觉得这个谈判很有效，所以就下单了，支付了 3 个月的咨询费。这车买下来需要几万块钱，这点咨询费还是很便宜的！当然，后来他也发现出价太低了，还不如在麦当劳打工。不过对不起，这就需要再和我进行新的谈判了，这是后话。

谈判二，谁打电话。那时我们对市场都不了解，以为在网上找到了满意的车，直接去车行付钱取车就行了。后来去了一家车行才知道，车行里没有货，需要预订。我说那得给车行打电话。安迪说："妈妈，你来打。"我说："我不打，你想要车，你来打。"

他很紧张，说："你能在我旁边坐着吗？我来打。"我说："没问题。"于是借给他我的手机。

打通以后，搞笑的一幕发生了。因为他是个还没有变声的男孩，对方接通电话，听到他说"Hello"，就回答说："Hello Ma'am, how can I help you？"Ma'am 在英文里是"女士"的意思，

第 6 章 养好孩子，给他 7 个"充分"能力

显然安迪的声音像个女生。他一愣，但又不能戳破说自己不是女士，只是个 12 岁的孩子，只能硬着头皮继续。他问了一些问题，还挺像模像样。对方一直没有听出来他是个孩子，有问有答聊得挺好。但我知道，他其实一直非常紧张，手一直在抖。打完电话他很开心，说经过这次，以后他就不怕打电话了。

大概一两周后，他很自豪地说："妈妈，我已经打了七八个电话了！"而且告诉我，他对"怎样假装成年人"这件事有了经验，还和我分享：第一，要压低嗓门，装出比较深沉的声音。第二是重点，就是得假装笨一点。我笑问："为什么？"他说："实际上我想要的车，已经在网上看了很多资料，所有参数也都很熟悉了，但为了让对方觉得我是个'忙碌的成年人'，还得去问一些很容易找到答案的问题，比如充电能跑多久，内部的一些功能啊，假如你问了这么几个问题，他们就会觉得你是一个打算买车的正常成年人客户。"我觉得特别逗，成年人在小孩子眼里原来果真是蠢笨的。后来我们还做了好多演绎，他假装"妈妈"打电话，说："请问你们的车是有 4 个轮子的吗？哈哈。"我回答："是的，是有 4 个轮子的。""你看，这就是你们的智商水平。"

谈判三，客户要妥协。他做了很多研究之后，发现很难找到合适的车。

我们自己家里有一辆车，是燃油车，可以开长途。电车充电是个问题，所以我们一开始就有一个很重要的变量要确定：我们家是留两辆车，还是留一辆车。留一辆车的话，就需要这辆电动

汽车能够有现在这辆燃油车的所有功能，又能开长途又方便。如果有两辆车，长途用燃油车，电动汽车则主要在城市范围内使用。这个问题我们其实考虑了很长时间，因为只留一辆车的话，就需要一辆续航长、空间大的车；如果留两辆车，就需要买两份保险。这个问题不事先定好，看车的时候就会一会儿觉得这辆好，一会儿又觉得那辆好。

安迪很快意识到了这个问题，他说："妈妈，我们要先把这个定下来。"我说："那你得先查清楚电动汽车的前景怎么样。如果在近一年之内到处都有充电桩了，我肯定希望我们家有一辆，这样更便宜。"所以他就去研究了电动汽车当下的发展情况，包括充电网络拓展会有多快，等等。他研究一番之后的结论是，我们需要两辆车。

我说："作为客户，理论上同意你的判断，但两辆车的话，我的预算就有问题了。那么你就得给我找辆相对便宜点的车，但我又不想降低要求。既要便宜，还必须有各种功能，比如有加热座椅、内部空间大，等等。"

既满足这样的要求，又便宜的好车，当然是一直都没有找到。

所以有一天我跟安迪说："要不然咱就算了吧，找不到合适的。咱们现在的车开着也挺好的，够用了，干吗又花钱又花时间的，而且又没有显著提升我们的生活幸福感。"

他听了以后，进了自己的房间，过了一会儿我听见他在屋里哭了起来。我敲开门，看到这个个子比我都高的大男孩，哭成了泪人儿。他说："妈妈，你不能这样，你不能说不干就不干了。我每天都在思考这些事，做这些事。你这样，我……呜呜呜呜——"

我突然意识到我这个"挑剔的客户"演得太入戏了。

他说："妈妈，你的要求没法都满足，你不能既要这个又要那个，这是不可能的，你必须在某个方面妥协。"

哈，他意识到要推着我去妥协！这是很了不起的谈判能力！

"要不就多花点钱，要不就舍弃一些功能，都要是不可能实现的。"

这个谈判的重要转变，就是安迪可以把我扔给他的问题的一部分，抛回来让我自己负责。

于是，我直接反馈给他："你这样做很棒！我作为一个普通消费者，想少花钱多办事，是正常的。但你作为一个给我做咨询的人，需要跟我说清楚，让我知道哪些东西是必须去做一些妥协的。这在谈判里是非常重要的，也就是谁的问题谁负责。你觉得我应该在哪些方面妥协？你可以给我提个建议。"

他说了几个可以舍弃的功能，然后问了预算可以提高的幅度，最终把这个事做成了。

后来，因为发现我们想买的车有 7 500 美金的退税，这也是他研究发现的，所以我们可以提高一点预算，再加上退税，价钱是可以接受的。

最后是怎么买成的呢？

因为车很抢手，车行都没货，安迪订阅了好多车行的邮件。2022 年我生日那天，我正在跟朋友聊天。安迪说："妈妈，你过来一下。"说完塞给我一个iPad，让我把表填了，他说他选了某个车行里看中的一辆车。表填完了以后，很快就有人给我打电话，是那家车行，让我们明天过去，他们有两辆我们感兴趣的这款车。我听了不敢相信，因为这款车很抢手，一般都要等3～6个月才能订到货。于是我上网查了一下，发现这是家挺大的车行，也不像是骗子，我们第二天就去了。去了才知道，因为他们车行很大，偶尔运气好，车厂就会多供应他们两辆车。我夸安迪说："你挺厉害啊。"他说："因为我天天在关注邮件信息，正巧被我发现了。"我们约的是10点钟，去的时候一辆红色的已经被买走了，黑色的也不错，我们就买了。这个过程历时整整4个月，但最终结果是车买成了。车行负责销售的先生帮我们把车送到家里，并给我们拍了一张合影，很圆满。

这里还有一个小亮点，我们去了车行以后，一看各方面都很合适，我就决定立刻买了，并准备写支票。安迪坐在我旁边，他两手明显在抖，说："妈妈，你真的要买吗？好几万美金呢。你买了以后要是不满意，会不会怪我？"这个时候他突然意识到，这是一个天大的责任。

我说："首先，我不会不满意的，因为咱们已经做了4个月的研究，而且这辆车在我们的预算范围内，车的内在、外在，我们都很喜欢。这个决定是基于大量研究而做的。其次，我不会让你负责，这是我的决定，就算我以后不满意，也不会怪你的。"然后我抓住他发抖的手，抱了抱他，说："谢谢你。"

孩子最后的恐慌发抖——"动真格的了！"让我觉得特别真

第 6 章 养好孩子，给他 7 个 "充分" 能力

实。但我想，也正是这些真实的体验和经历，让孩子成长。

谈判的能力是孩子的重要能力。

当然，它有一个表层的意义，为了买东西便宜点。它还有一个深层的意义，谈判是人和人之间交互的一个很重要的方式，我们都是通过这个过程，去意识到新的可能性在哪里。所以，提升谈判能力不仅是表层的"术"的练习，而且是一个非常重要的深层的"道"的锻炼。

第一个层面是"术"，其实就是讲价。一个美国朋友告诉我，市场里明码标价的东西，都是可以去讲价的。他去买辆自行车，自行车标价 599 美元，他说你只需要问一个问题：这是你能给的最好的价格吗？也就是问"还能便宜点吗"。

问这个问题，最糟的结果就是他们说没有，但如果有，你马上就会受益，是不是？

在他的例子中，商店回答说："其实上个周末有促销，当时是便宜了 50 美元，我可以给你按这个价格。"你看，问一句话就省了 50 美元。

从商家角度来看，你已经在店里了，如果优惠一点，你很可能就会买嘛。你要是没有买就走出去了，他们就丢掉了一笔生意。所以为什么不优惠点呢？对商家而言这是很合理的一个决定。

后来当我们要在车后面加一个自行车架子时，马上学以致用。当时我带孩子去，商家说要 349 美元，我就说："这是你可以给的最好的价钱了吗？"他马上就说："可以免掉 60 美元。"一下就便

宜60美元，只要问一句就可以。所以说，一个技术层面的"讲价"，总是可以去谈的。

第二个层面是"道"，谈判是一种我们与人交互的方式。这种技巧我们在家里就可以练习。通过和孩子"讨价还价"，让孩子思考如何在双方的需求中寻找空间，你可以假装很难搞，让孩子感觉和你谈判有难度。但有一个很重要的原则："为难"之后，尽量让孩子有一个"赢"的体验，不是孩子说什么都可以，而是在谈判中，如果他提出了有意思的观点或者他思考的角度很有意思，你要看到并鼓励他。

有一次，孩子们在家里后院干杂活。我说一个人5块钱，你们去干吧。他们干了一会儿，鲁迪提出："妈妈，我们想多要一点工钱。"我问为什么，孩子说："如果你每个月都请人修草坪，一个月就要100多美金，我们给你做了这个，修草坪的人可能就不用来了，你看我们给你省了这么多钱。"我说："这个观点的角度非常好。"孩子居然从我的角度来对比我付出的费用，从给我省钱的角度说服我。当然，我也没那么容易同意。我接着说："我雇他是长期的，我也不可能让他下个月不来，这钱我还是要花。"他发现这样不行，就说："要不我们多干一点，我们不仅把你要求的事情干了，还会再做点额外的，能不能多要一点？"我说可以。最后孩子就赢了，但赢的过程并不容易。

所以作为家长,首先要"为难"孩子,并在"为难"的过程中鼓励孩子提想法,对好想法给予及时的肯定,但最终要找到一个角度让他合理地赢。我觉得只要有两个原则在底层做指导,我们其实就可以在日常生活里让孩子有这种体验。再强调一下这两个原则:

> 原则1:经常给孩子机会跟你谈判,你扮演一个相对难缠的角色。
>
> 原则2:合理刁难之后让他赢。让他有赢的体验,有足够好的角度去重新看这个问题。

认知金钱的能力

该如何和孩子谈钱呢?我想,大部分家长一方面希望孩子知道节省很重要,另一方面又不希望他们太抠门。

我秉持以下三个原则:

第一,不哭穷。这不是因为我们不穷,而是因为哭穷对孩子没有益处。

在我成长的过程中,家里经济上从来都不宽裕,后来我妈妈和爸爸离婚,妈妈一个人负担家里的所有开支,其间还辞职离开了 20 世纪 90 年代是铁饭碗的工厂，日子一直过得很拮据。

但我妈妈从来没有让我觉得家里"穷"。

因为"穷"对孩子而言，并不是一个金融概念，而是一种不配得到感，就是"我不能用好的东西，我不配"。 我说我妈妈没让我觉得"穷"，指的是没有让我有这种不配得到感。

比起金钱上的匮乏，这对孩子的影响其实要深远得多。

这时候，你脑子里的"警察"可能跳出来了：

我们家就是穷啊，很多东西就是买不起啊，我就是很苦啊！我不让孩子早知道怎么行呢？

其实，"穷"和"不配得到"是两回事。

穷可能花不了大钱，买不了更大的房子或者更好的车，但是可以租到不错的房子，而且因为不买房子而省下来的钱可以让自己吃得很好，可以在买家庭小用品的时候买自己更喜欢的、质量更好的，花相对少的钱，但可以获得更多的生活幸福感。

我上中学的时候，我和妈妈没有地方住，就住在我小姨的房子里。我记得那时候有一种克力架饼干，在当时是很高级的，妈妈会买一小箱放在家里，我可以随便吃。我觉得富有得很。后来生活好点了，我小姨常常嘲笑我妈妈："你那时候穷得叮当响，住的地方都没有，还买一箱克力架饼干。"我妈听了会得意地笑。

你看，这样的满足感给孩子带来的心理价值远远超过孩子获得的物质本身。

第6章 养好孩子，给他7个"充分"能力

而且有了这个视角，你就会知道我们在生活里是有选择余地的，是可以从小处去感受生活的美好的。而这种美好的体验在孩子心中种下的种子，是他以后面对自己的人生和未来可能遇到的困境时无尽的动力。

金雁老师的《雁过留声》这本书，开篇写的就是她的姥姥在艰难的岁月里，用自己的智慧和双手，支持散落在各地的几个孩子的家庭过上尽可能有质量的生活的故事。这种内心的坚定和生活中无处不在的智慧，让人敬佩和感动。金雁老师后来成为一个如此阳光明媚又成绩斐然的学者，和她童年的这些经历肯定是分不开的。用她自己的话说："有这一碗酒垫底，面对什么困难都有了底气。"

我们能给孩子的，就是这一碗"能垫底"的酒。

第二，教孩子理解金钱。我和孩子讲，金钱是一种流动的东西，可以来也可以走。我们要知道它是怎么来的，也要知道它是怎么走的。

"怎么来的"对孩子来说可能更抽象一点。

这里插播一个笑话，安迪六七岁的时候，有一天我在用电脑工作，说工作可以挣钱。他看我在电脑上打字，就盯着电脑看了好一会儿，问我："钱什么时候出来呢？"哈哈，他以为电脑会吐出钱来。

虽然"钱是怎么来的"这个概念对孩子来讲比较抽象，但"钱

是怎么走的"是可以很具体地教给孩子的。

安迪 10 岁左右的时候，我给了他一个月的时间，让他收集和整理我们家的所有开销，方法就是，我把所有开销的账单收据都给他留着，然后他用了一张大纸，把收据按类别分好，然后加总计算。这样他就对每个月家里的开销有了一个大致的概念。

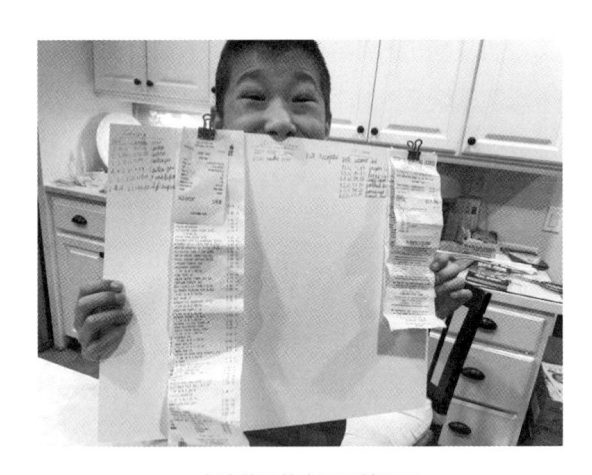

▲ 安迪整理的家用开销记录

我当时的原则是不"过家家"，而是把所有费用都告诉他。比如房贷、车贷、股市里这个月亏的钱等。这样孩子就会明白，钱是有不同的存在形式的：

> 第一种，用于日常消费的钱。
> 第二种，用于购买资产的钱（如房子，车子）。
> 第三种，用作投资的钱，投资可以是"升值"的投资，也可以是"捐赠"，为自己相信和支持的事情"投资"。

首先给孩子这些基本的概念，然后通过整理收据，让他们对这些具体的、一笔一笔的钱有深切的感受，知道怎么分类（比如消费里有吃的、用的、玩的，家里的开销有水费、电费、煤气费等）。当然，这个过程也是一种很实用的数学训练。

第三，提早说清楚，我的钱与你没关系。 从法律上说，当然有关系，但还是要跟孩子说清楚："我的钱是我的，以后你也会有你的钱，你的钱是你的。你是从零开始，这很正常，爸爸妈妈也是从零开始的。我会养姥姥、姥爷和其他有需要的长辈，这是家庭责任的一部分。但我希望我不需要你来养，如果真的需要，可能也会让你们帮忙，这也是家庭的意义之一。"

让孩子树立这种价值观、培养这种心态是很重要的。
一方面，个体要独立；
另一方面，家庭成员要互相支持。

面对自我的能力

人最终是孤独的,所以面对自我的能力是一切的起点,也是终点,但这并不是一个可以单独培养的能力。

这本书讲的方方面面,其实都是在培养孩子面对自我的能力。因为面对自我的能力来自认知、自我接纳以及在这个基础上发展而来的自信与自尊。有了这些,我们才能够面对、表达和处理自己的情绪。

面对自我是每一个人的人生终极功课。

我们做"笑得出来的养育",就是为了给孩子发展面对自我的能力提供一个最佳的环境。

能营造好这个环境,就掌握了做父母的精髓。

如果讲方法,其实核心的方法就是培养孩子自我对话的能力。

当一件事情发生的时候,要引导孩子去自我对话:

发生了什么?

为什么?

哪些是我无法控制和改变的?

我的感受是什么?

为什么有这样的感受?

我的需求是什么?

我可以改变什么?

我能做什么?

这一系列自我对话，其实于成年人也是一样的。这不需要非常严肃地去做，在每一次和孩子的互动里，都可以进行这样的对话。在每天的日常小事里，就可以培养这个能力。

支持孩子的 5 个简单抓手

看到这里，你也许会觉得责任重大。

孩子成长的过程中，的确要讲道理，但一旦开始讲道理，你就会发现道理越讲越多，以至于孩子会觉得很迷茫。

所以可以给孩子 5 个简单的原则作为抓手，这也可以减轻我们做父母的"负担"。

我们家常用的是这 5 个：

> 1. 什么是长大了？能照顾自己就是长大了。如果你 6 岁能做到，6 岁就长大了；如果你 30 岁都做不到，那么 30 岁也还没长大。
> 2. 如果你不希望别人这样对待你，就不要这样对待别人。
> 3. 在公共场所，或者在别人家做客，你去的时候是什么样，走的时候就要恢复成什么样。

4. 什么是自己的？自己学会了的东西、理解了的东西，才真正是自己的。

5. 想当老大？做到先人后己，才有可能当老大。

这 5 个原则孩子们都听得懂。对于 3~9 岁的孩子，这些原则就够用了。

第6章 养好孩子，给他7个"充分"能力

> 💗 说说心里话

AI 时代，有效学习是什么样的

写于 2017 年 1 月 17 日

2017 年，在去美国出差的飞机上，我阅读了 1 月 14 日《经济学人》特刊的一篇文章——《终身学习，如何在自动化的时代生存》(Special Report on Lifelong Learning – How to Survive in the Age of Automation)。

看完之后，不禁唏嘘。

不过也有不少感触和思考。如果没有做"一土教育"，我想象自己看到这篇报道的大致感觉会是——收获了很多新的信息，开了眼界，同时又多了一些对未来的焦虑。

由于做了"一土教育"，读这篇文章的时候我便有了很深的参与感，也和我们做学校的很多思考相连接，所以借这个机会，一起和大家分享一下这篇文章给我的 3 点思考。

- 观点1

是不是学得越多，赚钱就越多

在发达国家，这个相关性好像一直是成立的。有数据证明，每多接受一年的正规学校教育，毕业后平均每小时的收入就会提高 8%～13%。以美国为例，1982—2001 年，大学毕业生的平均工资增长了 31%，高中毕业生的收入却几乎没有变化。但在过去的十几年，情况不是这样了。大学毕业生平均工资的降幅超过了受教育水平更低的群体。而同时，大学学费在增长。

这篇文章的副标题是"**技术进步，要求受教育程度与工作之间有更强的、更有连续性的链接**"，文章中介绍了一家叫作 General Assembly 的公司。这家公司提供全日制、为期 12 周的技术培训，线下教授编程、网页开发和数据研发，收费 8 000～10 000 英镑，公司同时提供就业培训和咨询。经他们培训毕业的学生中，99% 的人能在 180 天内找到工作。

公司创始人杰克·施瓦茨（Jake Schwartz）创立这家公司，主要源于两段个人经历：一段是他自己本科毕业于耶鲁大学，但没有学到什么实际可用的技能；另一段是读了两年的 MBA，花了"太多的钱和时间"，收获却并不多。所以他想做一个投入产出比更高、又能满足雇主们急切需求的"教育产品"。这家公司现在在全球 20 个城市设有网点，培训学员 3.5 万多名。

第6章 养好孩子，给他7个"充分"能力

这让我想起美国著名的 High Tech High[①]，这家美国的特许经营学校（公立学校的一种）是"项目制学习"的鼻祖，学生在整个高中阶段都在做项目，每个项目周期为6~8周，直到毕业。"一土"与 High Tech High 有合作，邀请了他们的资深教师蒂娜来北京交流，当年 ETUx 论坛里有我和蒂娜的对话（具体可见公众号"一土教育"的文章《5个领域、7场对话、N个笑点和泪点——一场不一样的"教育论坛"》）。

我自己其实也是有疑惑的，高中期间，学生什么课也不上，全做项目，这样的教育靠谱吗？能给孩子"打好基础"吗？蒂娜的回答很简短，却一针见血，她说我们从学校毕业以后的所有经历不都是这种模式吗？**在工作里，我们都是在做一个一个的项目，解决一个一个的问题，在这个过程中学习知识，形成体系。我们在学校里做的，和真实世界是一样的。**

High Tech High 这些年的"成绩"也完美地说明了这种模式的效果。他们不挑选学生，但学生的高考"升学率"却非常高。蒂娜说他们有一个学生被普林斯顿大学录取，这个学生的 SAT 考试成绩一般，但因为在实验室和博士生及导师合作的项目已有论文发表，所以拿到了多个学校的 offer。这也反映了美国在大学录取方面评估的多样性。

[①] High Tech High 是一所由美国加利福尼亚州圣迭戈市的公民领袖和教育家联合创办的学校。——编者注

在"一土",我们也有大量的项目制学习,其中一个是食品研究院,从学习食谱、准备原料、称量、制作,到做好了在嘉年华上开张售卖、分工协作、收钱算账,都由孩子们自己来。融入生活和社会实际的学习,是我们在同一理念下的尝试。

- 观点 2

什么是未来需要的"核心技能"

特刊的第二篇文章提到了印度公司印孚瑟斯(Infosys)在硅谷帕洛阿尔托(Palo Alto)的办公室。印孚瑟斯对很多读者来说大概不陌生,其主业是 IT 外包,但它的硅谷办公室是在设计思维的指导下,做产品开发和员工培训。已经有约十万名员工接受了设计思维的培训。

这里,设计思维的定义是:基于对别人体验完全理解的一种解决问题的方式。他们问的一个大问题是:一个员工胜任一份工作,到底需要具备哪些能力?

当然需要技术方面的能力和一些特定的能力,还有行业经验,但从设计思维切入,他们发现**"核心技能"只有 3 个:共情能力、持续学习的能力和创造力**。这 3 个能力,在未来社会特别重要,因为这也是更难被"机器"取代的能力。

第一个是共情能力,它是社交能力的基础。根据哈佛大学教授大卫·德明(David Deming)的研究数据,社交能力强的人容易获得更好的工作。

为什么？因为强大的社交能力，会带来更好的"关系"和"协作"，而这些又会带来更有效的团队——能够更迅速地把庞大的工作分解，并形成有效协作的关系，从而更有效地完成任务。

共情能力，其实在家庭、学校里都可以"教"。一土学校每天晨会的一个工作，就是引导孩子们认识、表达自己的情绪，并在这个基础上认识别人的情绪，同时在各种活动和设计中引导大家协作，给对方反馈。我们这个学期末的"奖状"设置，除了让孩子们互相鼓励，也让孩子们给自己的家长做奖状，肯定家长做得特别棒的那些事。

▲ 学生给爸爸做的奖状

第二个是持续学习的能力。印孚瑟斯采用的一个衡量标准是"学习速度（learning velocity）"，即"面对一个问题时，多久能想到一个解决它的好主意"。

这个学习能力的基础,是"发展心态",即认为**学习能力不是本能的、不变的,而是可以培养、增强的**,这是著名心理学家卡罗尔·德韦克(Carol Dweck)的关键研究成果。

最后一个重要的核心技能是创造力。

当然,掌握以上这些核心技能,关键要靠方法。文中提到,麻省理工学院和哈佛大学的一项研究显示,在线学习的人,如果被要求写下学一门课程的计划,他们完成这门课程的可能性就会提高29%。这篇文章,有很多和教育有意思的联系。

首先前面提到的所有这些未来需要的核心能力,也是过去和现在需要的核心能力,只不过这在未来的"AI时代"会更加重要。所以简单地理解,面向未来的教育,应该围绕这些核心的素质和能力展开。

如何实现呢?往复杂了说,需要各种理论和方法;往简单了说,教师首先要具备这些核心能力;再广泛一点来讲,学校的整个团队和家长都需要具备这些核心能力。

儿童教育体系中的问题,其实反映的都是成年人社会的问题。所以答案不是简单地用这些去"要求"学生,而是学校、家长自己也要做到这些。在这些角色里面,家长是个体,教师是团队,学校也是团队,所以学校在这方面和印孚瑟斯这样的企业是没有区别的,关键是如何构建一个有效的团队。

在个人层面,如何看待教师这个职业?拿创造力来讲,教师

第 6 章 养好孩子，给他 7 个"充分"能力

的内核，应该是创造者。

一个好的学校系统，应该是让教师在最顶层，成为创造者。让学校这个系统为教师的创造性提供支持和服务。而在我们现有的学校体系里，教师往往是在"底层"，是服务提供者。

但创造者不是唯一的"角色"。它是一个特质，这个特质在教师各个维度的角色中都有展现，教师通常有 5 个角色——**学习设计者、引导者、教练、团队协作者、倡导者**。这几个角色背后，是底层能力——**沟通能力、创造力、执行力**。

前面提到的 29% 很有意思，这是一个方法论。学校教育里，有无数的细节，背后有很多理论研究，这就是其中一个。我们的一个做法是，晨会的时候让孩子们自己定目标，并把**目标可视化**，我们经常提到孩子性格中的"坚韧"很重要，其实这就是培养它的方法之一。

▲ "一土"感恩晨会——"手印"让孩子们的感恩目标可视化

• 观点3

终身学习不能减少不平等,可能还会加剧不平等

我们普遍认为互联网带来了群体平等的机会,事实远没有这么简单,甚至相反。

文章中提到英、美的一种典型的低工资工作,就是长途货车司机。自动驾驶技术的日渐成熟,会让他们中的很多人失业,但是对于这些人来说,前面讲的技术培训等例子距离他们十万八千里,数据显示,参加培训的学生,80%具有大学学历。

重新学习一项技能,需要有一定的积蓄,更需要时间。所以对有一定经济基础并对自己的时间有控制权的人来说更容易;当然,在这之外,还需要有学习的意愿,这也不是人人都有的。

比尔·盖茨曾经反思过类似"可汗学院"这样的平台在推动教育公平方面的价值。从逻辑上讲,这类平台让课程更有意思、更容易理解,而且免费,应该有更多人来学习,尤其适合没有优质教师资源的人。而事实上,最常用的人,却是那些本来就能够获取各种资源、愿意学习的人。

对生活在"底层"的人,由于各种原因(没有学习意愿、没有时间、没有文化基础,等等),即使有近在咫尺的免费课程,他们也不会去学习。所以从这个角度来讲,这些平台适得其反地加剧了不平等。

第6章 养好孩子，给他7个"充分"能力

如何"解"这个结呢？文章里提到了两个例子：一个是英国利用工人工会，有组织地理解他们的需求，有组织地"学习"；另一个例子是新加坡政府给25岁以上公民发放真金白银（每年345新加坡元，折合人民币约1 850元）去学习，而且给到40岁以上人群的更多。

这两个例子背后的原则是有启发意义的：

> 1. 需要真实地了解"底层"受众的需求。只是把好的课程免费放在网络上，基本没有任何作用，要和这些用户的实际情况相结合。
> 2. 需要政府的大量参与和投入，需要政府、企业、公益机构的共同推动。

以我们的农村为例，虽然很多人愿意投资做公益，支持乡村教育，但他们缺乏的是对乡村教育需求的真实理解。没有这些深入理解而做出的支持，往往是形式主义——钱、技术、课程，都将竹篮打水一场空。

乡村教师，由于面对着大量的留守儿童，既要当"爸"当"妈"，又要应付各种要求和检查等形式主义的工作任务，疲于奔命，如果再要求他们改教新的课程，无异于雪上加霜。

我们熟悉的一个例子是，为了推行"科学教育"，一所乡村小学要求 100 个孩子在一周内每个人完成 10 个实验，每一个都要有实验报告，而且领导要抽查学生做实验的情况，不会做就要扣分。这种"教育"，让孩子和老师都很疲惫。但在农村，有很多这样的"黑色幽默"。（具体可见公众号"奴隶社会"的文章《"一土"离真实的农村有多远？》）

所以如果真要改变，作为公益行为，仅仅给钱和课程是没有什么意义的，如何能为一线教师提供真实的支持（包括志愿者、捐赠、管理、专家等）更重要。另外，只有作为责任主体的政府的深入参与和投入，才能真正有起色。

· 后记

这篇文章写于 2017 年，当时的 AI 技术还处于萌芽阶段，所以我的思考也主要聚焦在一些底层的认知上。现在，6 年多过去了，AI 技术蓬勃发展，从 AlphaGo 到 ChatGPT，再到最近 Sora 的火爆……人工智能领域已发生了多个里程碑事件。

华章（我先生，也是一土学校的联合创始人）为此写了一篇分析文章：《AI 时代的教育：当教育不再以就业为导向，孩子们未来应该学什么？》。他在其中分享道：

……人类的大脑虽然有 860 亿个神经元和高达上百万亿的神经连接，但最新的 AI 系统已经接近甚至有可

第 6 章 养好孩子，给他 7 个"充分"能力

能超过了这个复杂度。而且 AI 的算力更快、容量更大，能持续高效地升级，还有无限分身能力……

10 年前，我们认为 AI 最先取代的是简单工作，是不需要投入情感和创意的工作。最近这几个月，我们发现那些复杂的编程、咨询、法律领域的初级工作纷纷被人工智能所取代。那是不是意味着，AI 做这些领域的高级工作也只是个时间问题？像心理咨询师、情感聊天伙伴，我们发现只要给 AI 系统足够多的语料，它也可以胜任，可能不及一个资深的心理咨询师，但作为入门人士绰绰有余。创意类的工作因为 AI 幻觉，它在创意方面有可能比人类做得还好。

……

如果我们接受了 AI 系统的认知必将超过人类中的"学霸"，"卷"学习、"卷"考试，到底还有什么意义？"卷"的目标是好学校、好工作、更高的社会地位、富足的生活，然而，当高薪工作可能被 AI 取代，"卷"的动力还在吗？

未来，现有的很多工种可能会被淘汰，而我们的孩子在当下的教育中花费大量时间学习的东西，在 AI 全面发展的时代可能毫无用处。那我们到底该如何自处，又该如何教育孩子？

正如上文所说，不论在任何时代，创造力、共情的能力和持续学习的能力，对社会公共议题的关怀与参与，都是能让我们终

身受益的重要核心能力。

如何在教育中真正培养这些能力,也是值得我们每个人在真实的生活中去深思和实践的问题。

如果大家想更详细了解 AI 时代的教育分析,也欢迎扫码阅读华章的文章。

第三部分 那些让我们笑不出来的难题

知道方法,还是会常常被困住。
没关系,这才是生活的本质。

想走出困境,须时刻提醒自己:
孩子是独立的灵性个体,没有义务为我们的恐惧和焦虑负责;
"我"要为自己的恐惧和焦虑负责。

如何负责?
不是靠超出常人的勇气,
而是看到,那些让我们恐惧和焦虑的东西,
是经由我们的仰望才被赋予了力量。
就好像黑暗不是真实的存在,只是因为没有光。

光在哪里?
其实光无处不在,
我们内心那些微弱却真实的声音,
那些孩子试图告诉你的话,
如果允许自己听到、跟随,它就会带我们去往有光的地方。

第 7 章

生气，不是你的错

不公平的世界

> 这个世界对女性是不公平的，对母亲尤其是。
> 母亲象征着爱、温暖、牵挂……
> 同时，
> 做母亲又是一份对体力、精力、能力都高要求，
> 全年无休、没有报酬的职业！

2023 年 10 月，美国哈佛大学经济学教授克劳迪娅·戈尔丁（Claudia Goldin）荣获诺贝尔经济学奖，成为首位深入研究女性收入与劳动力市场参与情况几个世纪变迁的学者。戈尔丁的研究不仅揭示了这些变化的驱动力，而且指出了性别差异持续存在的核心原因。

这"驱动力"是什么？说到底就是，在父权社会，女性承担了大量繁重、无报酬、易被忽视，又对人类社会与文明至关重要的工作。根据联合国妇女署提供的数据，全球女性做的这些"无

偿劳动"是男性的 2.6 倍，在中国更是达到了 2.9 倍，贫穷落后的地方，这一比例更高。

这种不平等的分担方式，让女性在"看得见"的领域——职场发展、学术成就、社会参与、公共生活等，从收入、晋升到话语权都受到制约。这种制约不仅让女性更难打破现有社会规则，还加剧了不公平现象的改变难度，形成了一个走不出去的恶性循环。

所以，我们首先要看到女性作为一个群体，在结构性不公平的世界中的处境。

戈尔丁指出，职场的一个显著特征是"贪婪"。

职场对员工是贪婪的，愿意"996"、随叫随到的员工会比只愿意"朝九晚五"、规律工作的员工获得更高的报酬。实际上，对于愿意投入双倍时间工作的员工，其获得的回报往往是非线性的，超过了其他人的两倍。此外，加班多的员工往往更容易获得晋升和更广阔的发展机会。因此，能胜任"贪婪工作"的人往往能够获得更丰厚的收入。

那么，男性和女性究竟谁更能胜任"贪婪工作"呢？显而易见，是男性。前面说了，女性的性别角色被设定为更顾家的角色，要做大量照料子女、处理家务等无报酬的工作，因此很难像男性一样去"贪婪"地加班和打拼，收入和职业前景自然会受到限制。

这一判断大家应该都能感同身受。现实中，很多企业在招聘

第 7 章 生气，不是你的错

女性员工时，都会问其婚育状况。因为即使同为女性，几年内没有婚育打算，或者子女年龄较大，相对会比较受欢迎，这正是因为她们更符合"贪婪"职场的要求。

所以，做了妈妈，孩子小的时候，你累，你力不从心，只是因为你能力不行吗？当然不是！

我们身处困境的根源之一是外在的对女性和母亲的结构性的不公平。而即使抛开"外在"的结构性问题，母亲这个角色也是充满难题的。

当孩子叫一百遍"妈妈"

一个无奈又无比真切的现实：

听到孩子第一次叫"妈妈"的时候，我们心里充满感动和温暖；

当孩子一天叫 100 次"妈妈"的时候，我们的心里只剩下烦躁。

哪怕是前面提到的诺贝尔奖得主针对劳动力市场的研究，其实也只涉猎了女性劳动状况的一部分。而我们都知道，做母亲累人的不只是体力、时间的投入，更多的是情绪的消耗。

孩子的需求要及时回应，自己的需求被无限期地延后；

理解自己的人不多，能提供帮助的人更少。

男性在"劳动"上的付出本就寥寥可数，
还不擅长为女性提供需要的"情绪价值"。
这一切，都导致女性在成为母亲之后，面对的往往是体力和情绪方面的双重消耗。
在这样的情况下，
还要保持情绪稳定，对发生的一切笑颜以对，平心静气，
开什么玩笑！

那些被恐惧扼住咽喉的时刻

2021年的冬天，我开车带孩子们去滑雪。
这是我第一次单独带3个孩子上山，之前是万万不敢的。
因为假如一个孩子摔倒了，我得帮他站起来，而另外两个孩子在前面对此毫无察觉，山这么大，联系起来又何其困难……
想想都头大。

而这一次，孩子们大一些了，我们又准备了对讲机。顺利到达雪场，穿戴好雪具，上山，开始滑行。
我尾随在后，看三个小家伙像飞燕一般滑下山坡，
那一刻，我突然觉得自己太了不起了，一拖三上雪山！

下午4点多滑完，回家需要开一个半小时的车。
上路不久，孩子们就在后面东倒西歪地睡着了。

第 7 章 生气,不是你的错

▲ 在山口的一个转弯处,我掏出手机,定格下了这个瞬间

我开着车,路两旁是两三米高的白花花的雪墙,
伴着每小时 100 公里的车速急速往后退。
眼前不时闪过对面来车的车灯。
车里很安静,
只有孩子们熟睡后的轻微鼾声……

我开始犯困,
意识在清醒与梦境之间徘徊,
突然,一股巨大的恐惧袭来:
若是我稍有疏忽造成事故,

我们就全完了!
我,孩子,整个家庭!
全家的命运都悬在我那一丝丝的困意上!
瞬间,恐惧紧紧扼住了我的咽喉,
自己不过是一个渺小、脆弱的生命,在白茫茫的天地间,
如此微不足道。
我吓出一身冷汗,从困意中惊醒过来。

这样的时刻,在我的生活中数不胜数:
那些抱着发烧的孩子,再困也不能睡的深夜,
我睡了,孩子怎么办?
那些自己生病,还得挣扎着起来做饭的清晨,
我不做,孩子怎么办?
那些工作再忙,也得抽身去参加的家长会,
我不去,谁去?
那些倍感孤独的时刻,
那些被恐惧扼住咽喉的时刻,
是养育路上的"黑洞"。
但如果不正视这些"黑洞",
就看不到养育的完整真相。
也正是这些"黑洞",迫使我们不得不后退一步,
给自己一些空隙,面对这一切。
否则,
太痛苦了。

第 7 章　生气，不是你的错

这么痛苦，所以，生气不是你的错。

但是，
要知道，生气也于事无补，
不仅于事无补，还伤自己的身体，不是吗？
所以，才需要找出路，找方法，
让自己，让孩子，可以笑得出来。
你说是不？

♥ 说说心里话

生活的另外 99 帧

写于 2020 年 5 月 19 日

前几天,全村社区里有一个新手妈妈提问:宝宝一周,乳头总是在喂奶的时候皲裂、出血,怎么办?

看到这个帖子,10 年前我生第一个宝宝、做新妈妈的痛苦记忆,忽地一下全部涌了回来。羊毛脂、热毛巾,各种缓解疼痛的偏方,能用的都用了,但每次喂奶,都像受刑一样痛苦。每天 5~8 次,看到小家伙一张嘴,自己的身体都会因为畏惧疼痛而条件反射地抽搐。但没有选择,只能忍住痛,让孩子吃。

这种痛苦整整持续了一个月才慢慢好转。那时候,我每次喂奶都坐在一张棕色的沙发上,现在想想,那沙发简直就像一个刑具室的行刑椅,不堪回首。其间还得了两次乳腺炎,高烧不退,又睡眠不足,真是苦不堪言。

前几天母亲节,没发文章。
因为生活狼狈至极。

第7章 生气，不是你的错

过去几个月，和所有人一样，我的生活发生了很多变化。

受疫情影响，我们原本1月带3个孩子在美国小住，却变成了常住。自1月以来，基金会就全面投入抗击疫情的工作中。我身在美国，不得不跨两个时区工作，从早上7点到凌晨1点都有电话会议。"一土"进入第四年，转线上教学，团队也面临很多挑战。

生活还得继续，华章和我们家超级能干的阿姨都在北京，所有的事情，都靠我和妈妈两个人了。谢天谢地有妈妈在，帮了非常多的忙，厨房的里里外外，基本上妈妈承包了。但是开车、采买、孩子网课，还有生活其他的方方面面，基本靠我。总体来说，虽然狼狈，但还算基本能应对。

大概一个月前，妈妈陪孩子玩球摔倒了（我后悔不迭，为啥让近70岁的老妈带孩子去玩球）。多亏朋友帮忙，及时去看了医生，确认是髌骨骨折，需要卧床休息、慢慢恢复。伤筋动骨一百天，一方面特别心疼妈妈，特别自责；一方面头"嗡"的一声，这一百天可咋办？所有的家务，都得我顶上了，还需要照顾妈妈的身体恢复和起居。尽管很多事妈妈都能自理，但是想想这状态，还是深感悲催。

妈妈刚摔的那天晚上，我基本没睡，担心妈妈睡觉的时候腿疼需要我。我躺在床上看着天花板发愁，明天可怎么办？光看着床头那一箩筐脏衣服，洗洗叠叠就是一大堆活儿，更别说别的了。孩子们的网课资料还有几样没有打印（打印机好像快没墨了），作业不知道做没做完，有一封工作邮件还没发，有一个PPT还没有看，好多微信没有回复。哦，家里好像也没牛奶了！明天买，明天买。还有，明天要切记把厨余垃圾拿出去，否则又要错过一周收垃圾的时间（上周已经错过，再不送走就臭了）。白天老大和老二闹矛盾，睡觉的时候还没有和解，气呼呼地睡着了。老三看热闹，在床上没脱衣服就睡着了，牙也没刷。（嗯，昨天也没刷，这是第二天了）哦，对了，孩子的iPad忘充电了，赶紧爬起来充电！

我知道我有很多外在的标签，似乎是个"超人"，三个孩子，全职工作，另外还做了很多事。一方面，这似乎给了很多女性朋友激励，另一方面，也给了很多人幻象，好像李一诺无所不能，也在无意中让很多妈妈倍感挫败，觉得"看看人家，我怎么差这么远"。但其实这上面的图景，才是做妈妈的真相。

现在回看，转眼老大已经10岁了，我也做了10年妈妈，觉得有些真相应该和大家分享。

• 真相1

做妈妈是天下最难的工作

做了妈妈以后才知道，这绝对是天底下最难的工作！以前职场那些所谓的挑战，遇到难搞的客户、同事啥的，相比之下都不值一提了。还记得没孩子时，我对孩子的年龄完全没概念，3岁到7岁，是个非常模糊的区间。第一次逛儿童用品区，就像进了

第 7 章　生气，不是你的错

大观园，好多东西完全不懂是干啥的。但有了孩子，发现育儿是个巨大的平行宇宙，这个平行宇宙里超级复杂，知识体系无穷尽，用品用具超级多。

这只是入门，后来就会发现，基本知识不过是开胃小菜，**做妈妈简直是生活能对一个人提出的最高的综合要求！从脑力到体力，再到心力。**

一方面，要学会照顾几个小娃娃的生活，吃喝拉撒，从辅食到便秘，从湿疹到头虱（嗯，我家娃都长过），从蚊虫叮咬到跌打损伤；另一方面，还得面对教育的方方面面：从英语、语文、数学到体育、艺术，从性教育到防欺凌安全教育，了解课程体系、升学路径、各种营地活动，甚至还要留意孩子的心理问题。

你还得身体好！生完孩子的前几年，常年睡眠不足，睡不了整觉，还不能生病。你还要定力十足，处乱不惊，内心焦虑无比还要表现得镇定无比，内心再着急也得有耐心，依然要面带微笑、情绪稳定。每天大量信息在你眼前乌泱乌泱，各种牛娃牛爸牛妈左冲右突。还要在这所有的繁复里，看见孩子，活在当下。你说这是不是人生之终极修炼！

这么艰巨的工作，却没有人提醒我们做准备。理发师和厨师上岗前还得培训、考证，养娃这件天大的事，在我们自己远没有活明白时，就这么稀里糊涂地开始了。

更糟的是，不仅没有做好准备，各种短视频和文章还给我们营造出一种幻象，好像其他人都准备好了。育儿号里的妈妈们，一会儿带孩子听经典音乐会,一会儿带孩子参观艺术博物馆。我也想象自己可以长裙飘飘,带孩子们长途旅行,精心准备攻略,一同踏入神圣的艺术殿堂。然而发现,到了博物馆,孩子对那些展品毫无兴趣,最喜欢的是在博物馆的地上打滚。不止这些,他们还总在最不合时宜的时候要求去厕所,要去看蚂蚁!

因此我常常觉得好失败,人家都这么优雅,我家孩子为啥就这么扶不起呢?

怎么办?

一开始,我总以为是自己的孩子不行,但很快就发现,孩子都是这个样子,都喜欢看蚂蚁,都会在不合时宜的时刻要去上厕所,都乐意躺在地上看天花板,这些就是孩子的常态。不仅这样,孩子还会哭号、发脾气、闹别扭、打架。那些朋友圈和育儿号里让人羡慕的故事和图片,并不是骗人的,它们只不过是在一个100帧的电影片段里挑选出来的最美好的那一帧而已。

问题是,我们会自动脑补,把剩下的99帧都补成了玫瑰色的美好图景。这其实也怨不得育儿号和朋友圈,我们自己发朋友圈,不也是找最好的那一帧?我没见谁发的朋友圈是:妹妹又和哥哥闹别扭了,这是今天第13次了;今天我又和孩子发火了,是这周第10次了。但我们都知道,这些才是真相。

知道真相,**自救的办法**,我称它为"反向脑补",补回真实**完整的样子**。你在看到朋友圈里的天才儿童、父母从容、岁月静好时,自己补上孩子看蚂蚁、发呆、尿裤子、哭哭啼啼、闹别扭和发脾气的 99 帧，就不焦虑了，因为孩子本来就是这样的啊！

对没准备好这件事，出路是放下对自己的评判。做妈妈是世间最高阶的事，因为你面对的是一个人，一个有灵性的人！所以，不仅你没准备好，别人也没准备好。而且，你永远不会准备好。我们说终身学习，做父母才是终极的终身学习，因为每时每刻都有新的挑战、新的情况出现。**一方面做父母是一生的修炼，另一方面又需要在每个当下实时应对**，不停地提醒自己看到孩子，不停地内观、反思、调整。

当你真正看到孩子时，也会豁然发现，每一个"问题"的答案，都在当下的眼前，孩子一直在告诉你，他需要什么。你需要做到的是：竖起耳朵，听得见；睁开眼睛，看得见。而这又是最难的。我们往往更关注自己大脑里的噪声，孩子就在眼前，却看不见孩子真实的样子，听不见孩子真实的需求。

• 真相 2

孩子可以折射出最丑陋的自己

我想所有做父母的人，在期待孩子到来的时候都对做父母是怎么回事，有一些自己的预期。这些预期，往往都有一些轻松美好的倾向，亲亲抱抱，欢声笑语。好消息是，这些都是可以实现的；坏消息是，路径极其艰难，需要翻山越岭，化解无数障碍。**而这些障碍物不是孩子，而是孩子折射出的我们的内在心结**，是我们成长过程中积累下来的、以前并不自知的恐惧和匮乏感。

据说所有的父母都吼过孩子,好释然!因为我也一样,而且经常吼呢!

但是想想,我们真的是对孩子生气吗?表面是,但其实从来不是。孩子在玩沙子,你在一旁刷微信、看朋友圈,看到同龄的孩子英语阅读居然这么牛,你就去拿了一本英文书,或者开始研究学霸娃娃在上什么课,准备给孩子立马补上,叫了孩子好几次,他沉浸在自己的世界中没反应,你看他浑身脏兮兮,今天刚穿的新衣服上沾的全是土,想起来洗衣液好像也快没了,如果他刚好又弄倒了一个瓶子,洒了一地水,或者和旁边小朋友打起来了……你突然气不打一处来,看着这个"不成器"的孩子,发出了怒吼。但你说孩子是不是很冤,只是玩会儿沙子,却因为你过山车般的内心戏莫名其妙被大吼,吓得不知所措,哇哇大哭。

我们生气,其实从来都和孩子无关,是我们自己内心的怪兽在作怪罢了。孩子正常的作为,莫名激起了我们内心的某个怪兽,于是我们做起了编剧,剧情尤其复杂,孩子莫名其妙变成了我们情绪的垃圾桶。生活在社会关系里,我们自己也有各种社会压力,其中之一就是实时比较。希望孩子成功,表面是为孩子好,但深究,也是为自己。因为如果孩子不成功,感觉就等于自己不成功,自己丢人。所以问题在于我们对自己的价值判断和认可。

即使我们能做到不在乎自己,只是为了孩子成功,也还是要问,什么是成功?考上名校、找到好工作就是成功吗?这种"成功"的底层信念,是认为孩子长大后面对的世界是弱肉强食、充满丛林法则的世界。所以孩子若要"成功",就必须样样都好,这

第7章 生气,不是你的错

样才能在竞争中"胜出"。

说是"技多不压身",但很快你就会发现,其实"技"永远不够多。体育好了,羡慕别人艺术好;语文好了,羡慕别人英语好。天外有天,人外有人,外求永远没有终点,需要不停奔跑,但终点在哪里呢?自己疲惫,孩子也疲惫。

疲惫的时候,如果反思,你就会知道作怪的是我们自己的焦虑和恐惧,是我们自己的匮乏感。所以孩子是上天赐给我们的一面神奇镜子,会照出完整的我们,特别是我们的不堪和丑陋,那些被压制住的,随时可能露头和爆发的不安全感和恐惧。

出路在哪儿呢?底层的问题,只能在底层解决,需要持续向内找。说难很难,是一生的修行,说简单,其实就是一层窗户纸,转念之间。

我们的底层信念只需要做一个转变:这个世界不是只有淘汰,还可以是成全。世界是多样的,每一个孩子,每一个人,都会因为他是他,而在这个世界拥有独一无二的价值。这时,你对未来的假设,就会从冰冷的残酷竞争变成温暖的花园。

其实,我们对外在世界的假设都是自己内心的投射,所以要实现这种转变,**核心是接纳自己**。做到接纳,就不会被恐惧控制;不被恐惧控制,就能看到孩子真实的状态、真实的连接和需求,也会看到每一个孩子,都自性光明,本性具足。

这个转变是一个宏大无比的话题,或者可以说是人要面对的终极问题。但一个小方法,是主动请孩子给我们做镜子。经常关注孩子给自己的反馈,你就会发现,孩子火眼金睛,你的那些内心戏,他们都清楚得很。

老三6岁,跟我说:"妈妈,我知道你也不想生气,你就是被一个红色小怪兽控制住了,而且你生气的时候也是爱我们的!"我听了大为惊叹,大师啊!(这个"爱我们的"是我的一个小技巧,我经常和孩子们说,妈妈永远是爱你们的,生气的时候也是!嗯嗯,总算给自己找回几分!)

有一次老二受伤,哭得昏天黑地,我发现和老大有关系,就开足火力,冲老大发了好大一通火。老大待"暴风雨"过后对我说:"妈妈,你其实知道这不完全是我的错,but if you find somebody to blame, you will feel better(只是你找到一个可以责备的人,你会感觉好受点而已)。"哇,又是一个大师。

他们看《功夫熊猫》学会了保持内心平静(inner peace),看我显然内心不够平静,于是在家里也给我写了一个"inner peace"的字条。

孩子们写的字条,亮点是最后这句:你生气的时候请到这里来,否则你会后悔的!(Please come here when you are mad or you will be sorry to us!)

看到我有多差了吧!

差没关系,拍拍自己,说不错,至少我看到了!这个拍拍自己,也是一个转念,也就是觉知。觉知是无价之宝,一旦转变,一切都会瞬间改变。

那个玩沙子的孩子,你会看到他是在做重要的事,在构建内心的秩序,是在发展最底层、最重要的能力——专注力。这些比早学会几个英文单词,不知道重要多少倍。他是一个有内心秩序、能高度专注的人,在未来,会因为他自己的特质,找到只属于他的价值和位置,绽放自己的绚烂光彩。

- 真相 3

其实所有问题的答案,都在眼前

就像前面说的,养育的答案,你和孩子的未来,只隔着一层窗户纸,这层纸就是觉知。

养育这个"平行宇宙"看似纷繁复杂,一旦有了觉知,你就会明白,其核心只有两条:

> 1. 健康的身体。
> 2. 家庭成员之间亲密幸福的关系。

这两条融合构成了孩子成长的基石:确立物质基础,并为内在能量和灵性成长提供一个安全空间。养育孩子,归根结底,就是这两个要素。

你问:那孩子的教育呢?孩子的学习呢?

其实都包含了。

学习，最底层的能力是专注。 专注力来自哪里？如何能拥有长久的专注？需要先有平和。如何才能变得平和？平和的根本是知道自己可以被无条件接纳。无条件接纳来自无条件的爱，就是前面的第二条。所以拥有这两条，就足够了，剩下的只需"跟随生活"（follow life itself）。

为了让孩子健康，我们每天都会精心给孩子做营养早餐。同样地，孩子的心灵也需要"营养早餐"，那就是充足的爱、接纳和认可。精神层面的早餐滋养，是灵性养育的关键。经常有人问我，你这么忙，怎么安排生活？其实很简单，严格执行这两条标准。凡是满足这两条的，就做；不满足的，就不必做。

当关注到最根本层面，你就会发现，所有问题的答案就在眼前。当孩子在你面前是放松的状态时，该怎么做，孩子会告诉你答案，你只要跟随就好。

• 结语

我的另外 99 帧……

姥姥受伤至今，的确狼狈。我自己一个人高负荷工作，家里家外、采买做饭、打扫卫生，还要"徒手搞定仨娃"上网课，当"助教"，安排吃喝拉撒。但一个月下来，姥姥恢复得不错，我们的生活也找到了新的节奏。如果只看我的朋友圈，那是一片祥和：在山里踏青，孩子们每天做的精美早餐，孩子们制作的特别有趣

第 7 章 生气，不是你的错

的手工和艺术作品……

让时间回到姥姥摔伤的那天晚上：

我躺在床上，看着天花板。想着既然搞不定，那不如就地"趴下"，认怂。

第二天，跟孩子们坐下来一起商量："你们看妈妈得工作，姥姥受伤了，咱们每天还需要吃饭、打扫卫生，咋办？"

最终商量的结果就是，每天我们一起给姥姥做饭，每天尝试一个新的早餐食谱，从创意、执行、送餐至姥姥房间，再到随后的打扫，仨娃都参与其中，有分工有合作。

因为时间有限，我工作太忙顾不上陪他们怎么办？他们说，看电影！我一开始心里是抗拒的，很多教育理论涌上心头。后来赶紧给自己内心的"小电影"喊停，看电影就看电影，回到前面两条标准，只要适时放松下眼睛，就都满足了啊。于是就放开了让他们看电影。

3 个孩子看了很多好电影，结果不仅知道了很多故事，还延展出了一个出人意料的收获——老二、老三英文水平突飞猛进，《功夫熊猫》的台词几乎能倒背如流。他们每天沉浸其中，搭配表情和动作大段大段地"重播"，快抵上上戏剧课了。

他们还从中学到了很多道理。电影里的乌龟大师，有一句经典台词是"没有什么是偶然的（There are no accidents）"。生活中的所有，都不是偶然。一切的发生，都有缘由。

笑得出来的养育

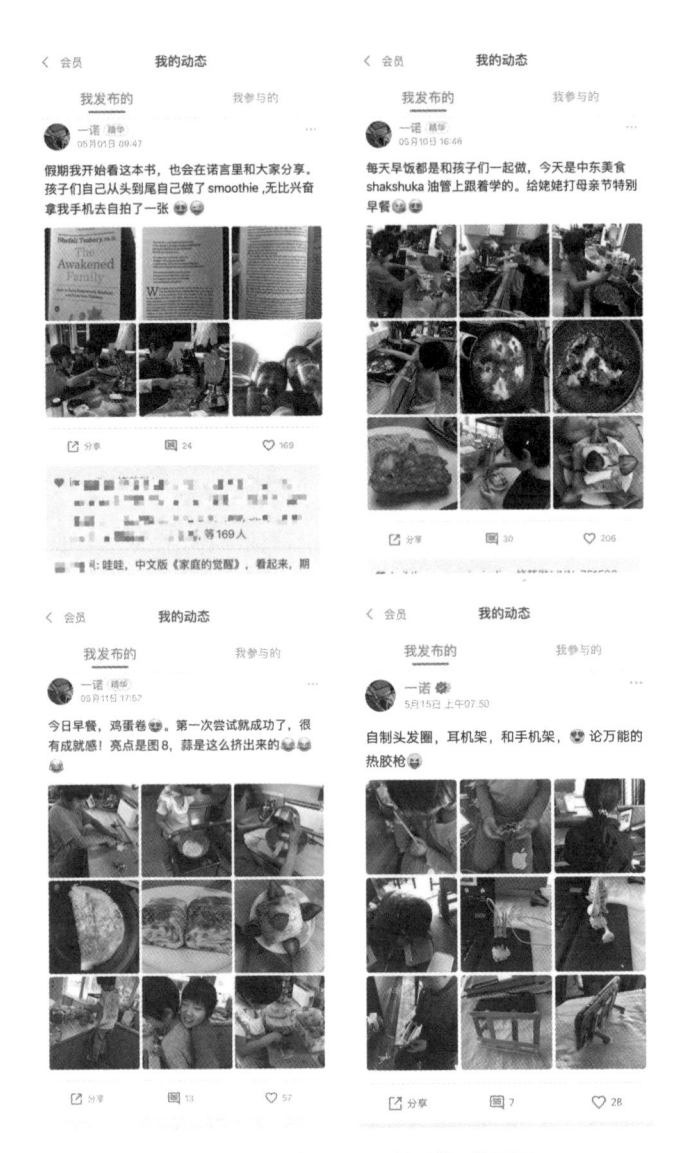

▲ 参考真相 1，这只是 100 帧里的 1 帧而已

第 7 章　生气，不是你的错

所以看上去的困难，何尝不是生活的馈赠，从新冠疫情到妈妈受伤，这样的"困境"都促使我们去重新思考和组织自己的生活。**你不可能什么都有，什么都要，这些"挑战"让我们退一步，看见到底什么对我们是真正重要的。**

结果，尽管给自己提醒了很多遍，第二天终究还是忘了把垃圾搬出去，"厨余"们又得等一周。到第三周，终于臭了！不仅臭了，还生了好多蛆！别提多恶心了。终于被拉走后，我撸起袖子捏住鼻子又洗又冲，生活终于恢复原样，可以继续了，啦啦啦。

其实，就像前面说的，没有什么是偶然的，你今天看到这篇文章，能读到这里，也不是偶然，你内心的频率和这篇文章的能量有共振，你才会一直看到这里，还面带微笑，是吧？一切发生，皆有缘由。

讲完 3 个真相，我想拥抱一下看到这里的每一位爸爸妈妈。**平凡的我们，承担着非凡的使命**，所以当然艰巨，当然疲惫。那天社区里一个妈妈分享，她抱两岁多的宝贝上厕所，宝贝在妈妈的眼睛里看到自己的影子，兴奋地一遍一遍地说："妈妈眼睛里有宝宝！妈妈眼睛里有宝宝！"我瞬间泪目。孩子成长的一幕幕都涌上心头。我们不是神，但是我们和孩子的连接，有阳光的能量。

有时候，我们只是忘了……

学习了无数个育儿的方法、工具、技巧后才发现，其实父母的觉知高度，才是孩子的人生天花板。愿我们都能真实地面对和讨论自己的另外 99 帧。**在自己内在的土壤里生长、连接，重获安全感，重新发现自己、接纳自己，走上有觉知的养育之路。**

第 8 章
那些棘手的问题（成年人版）

嗯，我知道了，
生气不是我的错。
道理我明白，
但每天面对很多问题，很多挑战，我该怎么办？

这些年，我收到了许许多多的"我该怎么办"。
在这一章，我来尝试回答一些。
生活艰难，但也远远不是无路可走，
一起试试吧？

时间和能量都不够，怎么陪伴孩子

问 ——————

作为职场妈妈，我每天得上班工作、回家做家务，这些压力和辛苦基本耗尽了我所有的时间和精力。我也想陪孩子，但好像没有多余的能量了，闲暇时间也只想放空，不想陪娃。

我怎样才能做到高质量地陪伴孩子呢？

答 ——————

前面我们说过，当下的社会环境对妈妈的要求过高，是不公平的。所以这不是你我的错。在这个基础上，再看我们能怎么办。

第一，照顾好自己。

当自己的状态不好时，我们是没有能力去照顾另外一个人的。

但其实这和陪孩子之间并不冲突，我们可以和孩子一起放空，对吧？

陪娃就一定要和孩子一起做什么活动吗？

有时候在一起躺着，想到啥说啥，说点他想说的、你想说的，和孩子一起放松也是一种亲子互动。

不要觉得养育孩子，一定要不断地去"做"，事实上很多时候是"不做"。要意识到，"不做"，有时候也是一种"做"。

大家有没有试过在家里和孩子躺在地上，或者躺在床上，随便聊点什么事情，或者一起做点小游戏，享受简单的快乐？

2023年夏天，我和日本畅销书作家胜间和代曾有一次对谈，她是养育3个女孩的单亲妈妈。

她分享的一点很触动我，要多和孩子"**无意义地待在一起**"，讲的就是这种"无为之为"。

第二，不要用宏观叙事去描述自己的生活状态。

宏观叙事的结论，难免带来"满头包"的悲观："丧偶式育儿""老公没用""我不行""孩子有问题""专注力不行""阅读能力不行""运动能力不行"……

这个"列表"没有止境！

每个结论都有两个共同点：一是令人沮丧，二是难以改变。

这样的结论，对我们并无帮助，不是吗？

出路在哪里？

你问。

出路是有的，就是聚焦眼前需要做的小事：如果生活里缺少伴侣的帮助，我们眼下需要解决的，就是怎样找到自己需要的帮助。

如果孩子有阅读方面的困难，我们是不是可以每天花 15 分钟和孩子一起读点什么，看一看孩子的困难具体在哪里。

你会发现，也许问题并不像我们想象的那样严重，

停止想象，面对现状，允许一点内在的松弛，我们就有能力去寻找解决方案。

如何面对没完没了的问题

问 ————————

解决眼前的事情，听起来挺好。问题是，问题没完没了地出

现啊！只解决眼前的事情根本不够呢！

"终极"出路在哪里？

答 ————————

我们最好早点接受一个真相：

生活并没有什么"终极"出路。

真实的生活里，不存在完美的伴侣、完美的婚姻、完美的孩子。生活有的就是，不断出现的问题。

如果有什么"完美"的话，那就是：**不断面对和解决问题，这是真正意义上的"完美"。**

能够不断面对和解决问题的个体，就是完美的个体；

能够不断面对和解决问题的家庭，就是完美的家庭；

有力量面对和解决问题的孩子，就是完美的孩子。

所以，从面对和解决眼前的每一个小问题出发，便是"终极"出路。

如何"从小问题出发"

问 ————————

生活里问题特别多，千头万绪，厘也厘不清，如何才能从小事出发？

答 ——————

第一步,深呼吸。

不是做做样子,而是真的停下来,做 3 个深长呼吸。

你看到这里,也可以尝试进行深呼吸。

这不是开玩笑,深呼吸能让我们的重心从高速运转的大脑下沉到身体里,给智慧一个升起的空间。

第二步,解下那根"红绳子"。

生活里的问题就像一个旋转的陀螺,

如果我们是一根钉在陀螺上的红绳子,那么陀螺一转,绳子就会跟着高速旋转。

若从被钉着的绳子的视角看,眼前的整个世界都在天旋地转,暗无天日。

但是,若把绳子解下来,眼前就是一个安静的世界,只是桌子上有一只陀螺在旋转而已。

把红绳子从陀螺上解下来的过程,就是一个升起我们"内在空间"的过程。

只要能与陀螺保持一丝距离,绳子看到的世界就完全不一样了,新的世界里只有一个旋转的陀螺,而不是天旋地转的"宇宙"。

有了距离,就有了流动性,就有了智慧。

成年人的成长,说白了就是在修炼这内心的"空间"和"流动性"。有了它们,就有了生发智慧的可能性。

有了智慧，就可以解决眼前的"小问题"。
更重要的是，
有了智慧，就有了更好的底层状态来面对下一个"小问题"。

如何面对生活的一地鸡毛

问 ─────

杂事太多，难有好心情，如何面对生活的一地鸡毛？

答 ─────

时常给自己定一个小目标：保持 3 分钟的好心情。

可以是伸展一下身体，放松一下；可以是给好朋友打个电话；可以是吃点自己喜欢吃的东西。

这就是真正地"活在当下"了。

从小的空间里，为自己寻找喘息的窗口。

一旦有了寻找"窗口"的习惯，你就会发现这样的窗口是非常多的。

哪怕只是和孩子一起做家务，只要你的状态是好的，那就是一次高质量的亲子互动。

那些每天不得不做的事情，只要你改变一下心态，和孩子一块做，就可以变成高质量的亲子互动时间。

还记得我前面提过的,我和鲁迪去买菜,在路灯下数步子奔跑吗?现在想起来,我们记得的不是袋子有多沉,也不是我们为什么没有车,而是路灯下影子跳动的快乐;

是我们齐心协力的温暖;

是把平常的事情变得好像很伟大的趣味和意义感。

所以,

生活的智慧,其实就是让生活的一地鸡毛,变成七彩的鸡毛而已。

换一个视角看生活,珍惜生命中每一个当下的3分钟。

哪怕陪孩子做一件简单的小事;

回应孩子的一个小问题;

两人拥抱一下;

听孩子吐槽一下上学的辛苦和无聊,说说自己最近有多累,释放一下情绪。

这些都能让我们和孩子的生命获得当下的互动和滋养。

我拍过一个小视频:5分钟可以玩什么。

内容是鲁迪建议我俩一起玩的一个游戏,叫作跳跃比赛(Jumping Battle):我俩各自花5分钟时间在网上找一个折纸视频,跟着学折纸,看谁折出来的作品跳得高。我折了一个老套的纸青蛙,他折了一个其貌不扬的纸箭头,结果这个纸箭头跳得出奇高!(这类有趣的生活小视频,大家可以通过视频号"李一诺"看到。)

第 8 章　那些棘手的问题（成年人版）

▲ 跳跃比赛

状态不好，没耐心怎么办

问 ————

我在情绪平和的时候，对孩子就挺有耐心；一旦自己状态不好，加上孩子不配合，就会不自觉地启用成年人的"权威"来搞定孩子。怎么办？

答 ————

其实答案已经被你"点"出来了。我们只有在自己状态好的时候，才能用健康的方式和孩子互动。

"笑出来"，不仅仅是脸部肌肉运动这么简单。

心里有能量，我们才可能笑啊！

开心的时候，不需要人教，我们会发现自己很棒。

困难就在于，状态不好的时候，生活与养育如何继续，这是做父母最大的难题。

解决之道，也是两步。

第一步，意识到自己现在状态不好。

能意识到这一点，我们就已经做了一半的工作了。

尝试和孩子建立一种互动：状态不好的时候，告诉孩子，"妈妈现在心情不好"。

孩子是听得懂的。

还有一点很重要，

告诉孩子，"这和你没关系"。

第二步，意识到自己可以调整。

我们所有的情绪，最终只有一个负责人，那就是自己。

听起来很难接受，但这就是真相。

孩子做的事情，在他的世界里，在他的当下，是完全合理的。

比如说很常见的磨蹭。

孩子在某个年龄段是没有时间概念的，他们不是故意如此。

明白这一点，你就"改变"了自己。

再比如说，相对于女性，男性较不善沟通，不是他故意的，是能力如此。我们不需要用别人的错误惩罚自己，意识到这一点，也就"改变"了自己。

人改变不了别人，能改变的只有自己。
深呼吸，拥抱一下自己，
允许自己面对升起的情绪——沮丧，害怕，担心，焦虑……
让呼吸给自己的内在创造空间。

不自责，
看到自己的不容易，
需要的时候，
休息。

发火伤到孩子，感到内疚怎么办

问 ——————

我认真学习之后，意识到自己曾经的一些行为对孩子造成了伤害，比如吼叫、惩罚等。自此陷入内疚，迟迟走不出来，应该怎么办呢？

答 ——————

首先，承认事情已经发生了。
然后，感谢自己。因为你现在意识到了，很棒！
不管你是在什么时候意识到的，只要你意识到了，就是一件好事。有一句英文谚语说，"Better late than never（再晚意识到，也比意识不到好）"。

意识到我们造成的伤口和破坏之后,最重要的一步来了,就是如何修复。

如果受的是皮外伤,我们一般都知道如何修复——先抹抗感染药物,然后仔细包扎好。只要我们处理得好,伤口恢复之后就与健康的时候无异,不会留下什么终身创伤。

心理创伤其实一样需要修复,也一样有方法修复。只要方法得当,也一样可以恢复到受创伤前的状态。

这个方法来自贝基·肯尼迪(Becky Kennedy),一位临床心理学家。下面的内容来自她的 TED 演讲。

我看到全球数百万父母在这个问题上挣扎,所有的父母都大喊大叫。但没有人知道下一步该做什么。好吧,我决心填补这个空白。

什么是修复?

修复是回到断开连接前的时刻,对自己的行为负责,并承认它对另一个人的影响。我们要区分修复和道歉,因为道歉经常是这样:

> 嘿,对不起,我大喊大叫,我们现在可以翻过这一页了吗?

这其实是"关闭沟通",而好的修复是打开和重构沟通。

第 8 章 那些棘手的问题（成年人版）

如果不修复，会发生什么？

我们对孩子发了火，如果不修复，孩子会不知所措，甚或独自一人承担痛苦。因为妈妈刚才十分"可怕"，现在他必须想办法重新找到安全感。如果我们不通过修复来帮助他做到这一点，他必须依靠自己唯一拥有的应对机制来应付：自我责备，"是我不够好，因为我让坏事发生"。

心理学家罗纳德·费尔伯恩（Ronald Fairbairn）说：

> 对于孩子们来说，在上帝统治的世界中成为罪人，比生活在魔鬼统治的世界中更好。换句话说，孩子会认为自己是错的，因为这至少可以让他们坚持认为他们的父母和周围的世界是安全和美好的。这是一种自我保护机制。"是我的问题，我让坏事发生。"

而这种自责，我们都知道会带到成年。成年人的心理问题，实际都是经历了无法修复的痛苦事件后独自留下的童年故事。

此外，自责的成年人容易患上抑郁症、焦虑症、深深的无价值感，这些，我想没有一个成年人想让自己的孩子经历。

如何修复？

第一步，自我修复。在你获得某种内在的品质之前，你不能向别人提供同情或理解。自我修复意味着将你的身份、你的行为、你所做的事情分开。告诉自己两件事是同时成立的：我对自己的行为并不感到自豪，我的行为并不能定义我。这样我们就既承认了问题，又有了改变的能量。

第二步，和孩子一起修复。这里没有确切的方法。但有3个要素：说出发生了什么，承担责任，说明下一次你会如何做不同的处理。对话可能是这样的：

> 宝贝，我一直在想那天晚上我对你发火的事情。
> 对不起，我大吼大叫了，我相信你当时肯定很害怕。
> 这不是你的错。下一次妈妈会学着更好地处理自己的情绪。

这样我们就和孩子重新建立了联结。

第三步，和孩子重新建立联结之后，我们可以和孩子探讨双方都可以改进的行为。比如，下一次你不喜欢妈妈做的饭，能不能不要说"真恶心"，是否可以说"这不是我喜欢的"。

这样我们就是在教孩子如何表达他的失望，并且在尊重对方的前提下进行有效的沟通。

多晚都不晚

也许你在想，我现在做是否太晚了。真相是，多晚都不晚。

请想象一下，如果你的父母都不在世了，你找到并打开一封你直到这一刻才看到的信：

> 嘿，我知道这听起来很突然，但我一直在回想你的童年。我现在知道，有很多时刻，我都让你感到非常难

过。你有这种感觉是对的。那不是你的错。有时候我也在挣扎,如果能回到那时,我会让自己先冷静下来,然后走到你身边,帮助你解决你正在挣扎的问题。

我很抱歉。如果你现在愿意和我谈谈,我会认真听的,不会反驳;我会认真听的,我爱你。

不知道你看了这封信是什么感受。

如果我们作为成年人看到"已逝去的父母"的这封信都会感到被修复和治愈,那么对我们的孩子来说,一定更不晚,不是吗?

做家务太累了,怎么办

问 ——————

有很多家务,还没有其他人帮忙,日日重复做,很容易身心俱疲,怎么办?

答 ——————

一定程度上,无解。

当然,如果能找到帮手,最好。

没有帮手,就想办法减少工作量。

我的一个朋友自己带两个孩子,早上时间紧张,就让孩子们前一天晚上穿着第二天上学要穿的衣服睡觉,起床时就省下了穿衣服的时间。

听着挺心酸，但也不失是一种办法。

做饭、洗碗、收拾太累，那就在外面吃一顿。

有一次我和孩子们一起回家，时间已不早了，我问孩子们："咱们是回家吃还是在外面吃？"他们说回家吃。我说可以，可是回家就得有人做饭，有人刷碗。他们想想，那还是在外面吃吧。

附近有一个连锁店叫"松屋"，一个店只有一个服务员，是上班族吃午饭和晚饭的地方，饭菜品位一般，不过在累的时候，它是个不错的选择。我和孩子进去在自助点餐机上点了餐，感觉又便宜又好吃。

我推荐过日本的一种神奇的锅。这个锅的好处之一，就是做好饭后，锅把可以卸下来，直接当盘子端上桌，厂家还专门赠送了一个隔热垫。可以少刷一个盘子，多体谅家务劳动者的设计！

当然，没有这个设计，也可以"硬上"。

有一天，看着煮面条的锅里剩的面汤，我纠结了一下，然后拿起锅直接喝了。嘿！少刷一个碗！（别假装你没干过！）

如果活儿还是太多，需要休息，就偷懒。

不过，对于家里的卫生，最好不要太偷懒。

毕竟，环境太乱会影响自己的心情。

有条件就找人帮忙打扫，没条件就减少物品，少买少换，也可以减少工作量。如果工作量还是很大，就让孩子参与进来，分工做家务。

生活总要继续，提醒自己，办法总比问题多！

育儿观念有冲突，怎么办

问

在家里，夫妻双方的育儿观念有冲突，比如，妈妈认为应该无条件地爱孩子，但是爸爸不认同，认为应该限制孩子，坚信要"搞定"孩子。

双方育儿理念、观点不一致，有矛盾该怎么解决？

答

很多学习，的确是要以家庭为单位的。否则，会有很多的内耗。

第一，如果你学习了很多新的教育理念，就多和对方分享。

让自己获益的书，也给其他家人看。如果他们没时间或者不想看，就把学到的知识分享给对方。

如果对方和我们的意见不一致怎么办？

用我们与孩子的沟通方式来处理：从接纳开始。

接纳，不是说我一定认为你是对的，而是我接纳这是你现在的状态。

希望被接纳是每一个人的本能。

一旦被接纳了，反而可能比较容易改变。

第二，行胜于言。

你愿意陪孩子玩，孩子和你在一起就会很高兴。

家里人看到孩子的状态，也会慢慢尝试你的方法。

因自己的亲身感受而发生的改变最有效。因此，请用有效的方式和孩子互动，周围的人也会有所触动和改变。

别把重心放在成年人之间的争论上，试着用和孩子的互动模式来"教育"成年人。

不会带孩子玩，怎么办

问 ——————

你总说和孩子玩，怎么带孩子玩呢？

答 ——————

这似乎是个难题。

现在很多人不会带孩子玩，一到周末就带孩子"上课"。

我朋友的孩子 4 岁多。他问我："应该怎么带孩子玩啊？是不是得报兴趣班？戏剧、艺术、乐高，一天两三个兴趣班，中间的路上看会儿 iPad，这样的一天孩子会玩得很高兴吧？"

哎！可以回看本书的第 3 章，都是和孩子玩的方法。

其实玩，说到底是生活。如果不会玩，那生活岂不是很没意思。

买菜，做饭，都可以玩，把生活需要变成创造的过程，就是最好的玩，做一道新菜，去一个没去过的市场，都是玩，用毛绒玩具过家家，给玩具做生活用品、衣服，把旧衣服改成帽子，用

第 8 章　那些棘手的问题（成年人版）

核桃壳做成军舰，想要酷炫的武器也可以自己做。小时候带孩子做，大一点孩子自己做。

这些都是多好玩的事啊！

▲ 日常生活中的各种玩

心态放轻松了，会发现处处都有好玩的事。有一天，我看到一个"不高兴"的香蕉切面，是不是很搞笑？

▲ "不高兴"的香蕉切面

最后，来点实用的，家里可以准备这些道具：

> 1. 做手工的桌子，餐桌也可以。
> 2. 做手工的工具，剪刀、刻刀、手工垫板（主要是保护桌面的，没有的话硬纸板也行）。
> 3. 包装纸盒是很棒的材料，旧衣服也可以，当然，橡皮泥、胶带、胶枪之类的，更是做手工的常备工具。
> 4. 最重要的是，留出一起做手工的时间！
> 5. 相机，因为要拍照留念！

说说心里话

钝感中年

写于 2018 年 12 月 25 日

2017 年冬天，为很多事情抑郁，
以为到了谷底；
2018 年冬天，发现竟然可以更糟。
糟又怎样呢？

最近被一句话触动：
人到中年，所有的正能量和负能量，都不再来得那么排山倒海。
的确是！
大喜，大悲，大笑，大怒，似乎再也不见。

更多的是，有好消息时，"好，我知道了"。有麻烦了，"好，想办法解决"。
不顺是常态，比自己不幸的人多得是，似乎也没有什么资格自怨自艾。

父母老去，孩子生病，自己渐老且忙碌。

冬天多病，嗓子痛，虽不是剧痛，但每一次吞咽都痛不欲生，那是钝钝的折磨。

钝感中年，就这样，蓦然在转角处。

一年没有时间打理头发，让朋友推荐了一个师傅。朋友和他认识十几年，朋友前几年得了乳腺癌，后来虽康复，但人变了样。她康复后又去理发，"这认识十几年的师傅竟然没认出我来……我自己跑到屋里哭，哭完了出来，该聊天聊天，好像什么也没发生过"。

"好像什么也没发生过"，这恐怕就是中年人的常态。

我在黑夜的寒风里看到她发给我的这条微信，一刹那，全懂。

终究发现，哭闹又有什么用。

钝一点，似乎就可以少一点痛苦。

个人的无力，放大到社会，

当公平、正义一次次看不到的时候，愤怒，也变成了一直都在的那种钝感的痛。

每一刀都不刺骨，但一刀，一刀……也从未停住。

年轻时要改变世界的梦想，虽然从未放弃，但总在夜深人静的时候，

第 8 章 那些棘手的问题（成年人版）

觉得自己是拿着长枪刺向风车的堂吉诃德，可笑而无望。

▲ 堂吉诃德的插画

自己需要面对那些莫名的无力和孤独。
不过没有泪水，也少有怨气。

黑夜过后，太阳升起。
也许今天会不同。
给自己打打气，别放弃，
夜路接着走。

但这坚强和钝感，却也可能瞬间被打得粉碎。
今天是姥姥的周年忌日，妈妈转发了一篇文章，《拿起煎饼想起娘》，里面写了这样一段话：

> 想起妈妈让我们去捡杨树叶子，一麻袋一麻袋的，妈妈在咱家小平房的院子里支起鏊子摊煎饼，烟火呛得人直流眼泪，我们围着一个接一个地吃，恍如昨日。
>
> 爸爸妈妈没了，好像头顶上遮风挡雨的保护伞突然没了，独自站在风雨中，难以名状的孤独和无助。

我的眼泪掉下来，止不住。
每个人心里，都是个孩子。
这爱和离别，谁也抵挡不住。

想起小时候，小脚的姥姥领我过河；想起上学的时候，姥姥给塞在书包里的西红柿；想起后来长大每次离开，她塞进我包里的钱和糕点。

我们都是幸运的，不管物质条件多么匮乏，这无条件的爱，让我们走到现在。
一直不愿意承认姥姥已经不在了的这个现实。

不愿意告别，也不想学会。
因为再没有一个人，是这样爱我们的了。

擦去眼泪，去给孩子摆礼物。

第8章 那些棘手的问题（成年人版）

再把摆的饼干掰碎，仿佛圣诞老人真的来过。

孩子们都还相信，说明我一直演得不错。

想象他们明早醒来，那兴奋的样子。
这些想象出来的奇妙和美好，恐怕是我们能给孩子们的最好的礼物。

清晨，
又是真实的一年。

钝和锐，
其实都在。

那些爱和泪，
只有孩子睡了的夜里，才猝不及防，汹涌而来。

人到中年，正能量和负能量，都不再来得那么排山倒海；
但是有些爱和痛，人到中年，才真正领悟。

只不过有时痛得厉害，
所以要靠钝感，
以度余生。

▲ 人到中年

第 9 章
那些棘手的问题（儿童版）

调整好自己的状态，
还是要和孩子打交道的，
面对孩子，
似乎更是问题多多。
我也来尝试回答一下。

首先，咱们统一一下认知：
什么是高质量陪伴。

没有这一点，谈不上高质量陪伴

提到高质量陪伴，我们首先想到的可能是一些具有教育价值的活动，比如读一本书、玩一个益智游戏等。

但我不认为这些活动就代表了"高质量"，**真正的高质量陪伴，意味着孩子在和你互动的过程中，处于一种愉悦的状态。**

这并非仅仅是指在做某些特定的事情，或是在追求某种效能的层面，而是指更底层的状态，是孩子和你在一起时内心的愉悦的状态。

那么，什么决定了这种状态呢？

答案是，你和孩子的关系。

关系决定状态，状态决定效能，

所以，关系应先于教育，状态决定了教育。

为什么这本书在说"笑得出来"？

因为关系对、状态好才笑得出来。

一旦关系对、状态好，

教育其实就已经成功了。

孩子有坏情绪，怎么办

问 ————

孩子有时因为一件事没做好，或是跟家人、同学、好朋友闹矛盾了，就会有坏情绪，闷闷不乐的，怎么办？

答 ————

谁没有坏情绪呢？我们不是一样也有？

所以，有坏情绪本身不是问题，没有坏情绪才不正常！

问题在于，有坏情绪，怎么应对？

最好的方法之一，还是"玩"。

有一次，一迪和哥哥闹矛盾，正巧我们新买了两个挂在钥匙上的小玩偶，便用玩偶上演了一场戏。一个玩偶代表哥哥，另一个代表她自己。在与这些小玩偶的互动中，一迪进行了一场小小的"复仇"，对着代表哥哥的玩偶象征性地猛踢了一脚。踢完了她很解气，很开心。

孩子用"玩"来表达很多她在生活里表达不了的情绪。

她也知道不可能真的去踢别人，但是她被允许"踢"——在游戏中踢玩偶。她的情绪得到了认可，被认可之后得到了发泄，坏情绪被允许了，也就有了消散的可能。

之后，一迪就知道如何更好地面对和解决与哥哥之间的矛盾。

当然这只是方法之一，玩不能解决所有的问题。

下面这个小节，我们讲讲"坏情绪三步处理法"。

接纳"坏情绪"，就是一直忍让吗

问 ————

接纳孩子的情绪，就是对孩子的坏情绪一直忍让，在孩子面前低声下气吗？

答 ————

这是一个常见的误区。

有一次，我和朋友带着孩子们去了室内蹦床乐园玩。朋友5

岁的宝贝想挑战一个难度较高的项目——走过一个狭窄的、可能随时会掉下去的通道。朋友建议:"你可以从这边走过去。"孩子没听,坚持从另一条路走,结果摔了下来,没有成功。小家伙开始大哭,冲着朋友喊:"都是你的错!"朋友怀抱着宝贝说:"是妈妈的错。""你道歉!"宝贝接着喊。"好的,妈妈道歉。"但是,孩子还是止不住地哭。朋友尝试各种方法安慰,也不见好转,她超级沮丧:"你看,我都这么'配合'了,接受了你全部的情绪,还不够吗?你还想怎样?"

类似的场景对大家来说可能并不陌生,我们很容易因此得出孩子"不懂事""不可理喻"的结论。但真的是这样吗?面对这种情形,我们应该如何应对呢?给大家分享一个我经常使用的"坏情绪三步处理法"。

第一步,尽可能客观地描述所发生的事情。如果孩子还小,你需要在描述的同时做示范,引导孩子学会这种表达方式。

第二步,引导孩子描述和表达自己在其中体验到的感受和情绪。这一步越具体、细致,越好。对父母来说重要的一点是,看到孩子在"坏情绪"里的正面诉求。

第三步,和孩子一起探索产生"坏情绪"的根源。最重要的是,区分哪些因素是我们无法控制的,哪些是需要我们自己负责并可以做出调整的。

回到前面的例子,我们可以试着把孩子搂在怀里,跟孩子这

第9章 那些棘手的问题（儿童版）

样说：

刚才我们挑战了那个很难的项目，宝贝特别小心地想要走过去，但还是不小心掉下来了，对吗？（第一步，客观地描述发生了什么。）

宝贝很生气沮丧，是吧？（第二步，引导孩子描述感受。）因为你特别认真，很想做好，希望能顺利通过。（这是重点，看到孩子在"坏情绪"里的正面诉求。）而且掉下来的时候，肯定吓坏了吧！（继续，更细致地描述孩子可能的内心感受，鼓励孩子分享更多。）

接下来，我们到了第三步：

妈妈非常理解你，这么努力地想要走过去却失败了，掉下来时还受到了惊吓，换作是妈妈，也会很生气的（再次认可孩子的情绪）。你说是妈妈的错，因为你认为妈妈只给了另一个建议，却没有更好地帮助你，对吗？因为你真的很想成功，对吧（再次强调我们看到了孩子的正面诉求）？其实，这个挑战真的很难，妈妈也没试过，妈妈的建议可能有用，也可能没用（指出这不是妈妈的责任）。很多小朋友都从通道上掉下来了，因为它就是这样设计的（这是"不可变"的因素）。你责怪妈妈，因为你觉得妈妈没有帮到你，我能理解，但这并不是妈妈的错。（父母不应为自己不该负责的事情负责。

面对 5 岁的小宝贝，可以加一点表演示范，比如噘嘴模仿宝贝、假装擦眼泪等。）我们一会儿要不要去看看其他小朋友是怎么走过去的，然后宝贝再尝试一次，好吗？（鼓励孩子做出调整，自己承担责任：向别人学习，再次尝试。）

核心在于，父母不应为本不该由自己负责的事情承担责任。实际上，当孩子责怪父母时，底层的原因往往是他们对自己没有做好的事情感到沮丧，加之掉落时的恐惧，这些情绪混杂在一起，找不到合适的出口发泄，父母便成了最容易指责的对象。

在这种情况下，我们表达对孩子的支持和爱的方式是：我理解你的失落和沮丧，但我不能成为"替罪羊"。我可以和你一起寻找新的方法，支持你做出调整，然后再试一次。

回到前面给孩子贴"不懂事""不可理喻"标签这个行为。我们一旦做出这样的转变，就能理解"孩子本身并非麻烦，而是他们遇到了麻烦，需要你的帮助"这句话了。意识到这一点后，我们就能够扮演好帮助者的角色，不会被孩子的坏情绪带进去。

子女之间闹矛盾，怎么办

问 ——————

家里有多个孩子，会发生各种冲突。我经常感觉自己像个裁判，要不停地去解决孩子之间的矛盾。但怎么处理都为难，怎么办？

答 ——————

给大家分享几个原则：

第一，不要马上进入"当裁判"模式，先让孩子充分表达

孩子之间的争吵，成年人的第一反应往往是，我需要给孩子们做裁判，尽快"解决问题"。但其实这往往会适得其反。

可以尝试分 3 步做：

第 1 步：让每个孩子分别讲述发生了什么，在这个过程中回应孩子并与他共情。

弟弟哭着说："哥哥抢我的玩具！"你可以回应："啊，哥哥拿你的玩具，你很不高兴是吧？"孩子点点头，哭。这就完成了重要的第一步，帮助孩子确认和表达自己的情绪。

然后给哥哥机会说发生了什么。哥哥可能会说："这个玩具本来就是我的！"你可以回应："这本来是你的玩具，虽然你有一段时间不玩它了，但是看见弟弟玩，你就也想玩，是吗？"这就也给了哥哥一个表达自己和被确认的机会。

当冲突发生时，如果能给孩子机会述说他自己的"故事"，让孩子确认自己的情绪，这件事的冲突系数就降低了 50%。

第 2 步：让两个孩子都有机会从对方的视角看这个冲突。

对弟弟说："这个玩具之前是哥哥的。"对哥哥说："最近一段时间你都没有再玩了，是弟弟在玩。"描述事实就好。这时候冲突系数就又降低了30%，也就给支持孩子理智地解决问题提供了可能。

第3步：帮孩子寻找几种走出僵局的方法。

可以通过角色扮演来实现。你演弟弟，给哥哥提建议。可以提议交换，说："好吧，我给你玩。但你的另一个玩具我也想玩，咱们交换。"也可以明确借用时间："哥哥，我的玩具可以借给你玩，但是15分钟之后你要还给我。"你扮演弱势的一方，让弱势的一方有机会体验强势的一方。对弟弟说："我来扮演你，你来扮演哥哥，咱们来试试怎么样？"此时，弟弟可以借机把哥哥可能会有的"坏的"回应挨个模拟一遍。而你作为"足智多谋"的弱势一方，来应对这些情况。

这样做，有3重功用：

1. 通过角色扮演，孩子有机会把自己不愿面对的情景展现出来：哥哥可能说什么，用什么语气说。我们遇到的问题，一旦将它说出来，展现出来，实际上就已经解决了一大半。
2. 我们在扮演孩子的过程中，给孩子示范了很多解决方法和表达方式，让他们了解到自己可以是这样的一个形象，可以这样讲话。

3. 最重要的是，哪怕最后的结果并不完全符合我们推演的样子，也能使孩子原本不敢面对的情景被"扒开"，清晰地展现在他们眼前，不再是模糊不清的一团恐惧。这样的体验对于支持孩子在面对困境时获得勇气并找寻解决方法是非常有帮助的。

通过这种方式，孩子们训练出的平和心态和学习到的应对方法是可以迁移到其他场景中的。当他们在学校与同学之间发生类似的争吵时，也有能力去解决问题。

第二，随着孩子能力的提升，尽量支持孩子自己解决问题。

我家的 3 个孩子喜欢一起玩一个叫"多元领地"（Poly Topia）的游戏，他们各自在游戏里建造城堡。

起初，他们没玩多久就会吵起来，互相指责对方"拉帮结派"，来我这里告状。

我一开始的想法是好好学习一下游戏规则，去了解每个人说的是什么意思，再评判谁对谁错。但后来发现，这样只会让我在困境中越陷越深。

于是，我决定退一步，说：

"妈妈没玩过这个游戏，不懂游戏规则。但是，你们3个喜欢玩这个游戏吗？"

他们说："喜欢！"

"那你们想接着玩吗？"

他们说："想接着玩！"

我说："OK，那你们需要找到一个方式，能让你们友好地玩下去。如果总吵架，那就不要玩了。"

过了一会儿，3个人说他们达成了一个协议，具体我没听太明白，总之，他们可以和谐地继续玩下去了。

你看，如果我一开始就觉得自己比他们能干，硬要做裁判，可能会适得其反。

不如反过来，相信他们自己能找到解决问题的方法。在这个过程中，3个人还学会了如何谈判、如何达成共识、如何遵守承诺。这些都是很重要的功课，不是吗？

第三，也是最重要的，就是不要上纲上线，用成人的道德标准要求孩子。

不要跟孩子提"大的要让着小的""吵架不好，要友爱"这样的要求，因为这样的"道德绑架"只会压制矛盾，让我们看不到孩子的真实情绪、无法了解他的处境和问题。孩子以后再遇到问题，就会刻意隐瞒，避免让你知道，我们就失去了支持孩子获得这些沟通技巧和解决冲突的能力的宝贵机会。

吹牛时间

2022 年冬天，一迪参加了学校手工老师开设的冬令营。这是一个混龄活动，小到二年级，大到六年级的孩子都有，一迪当时是三年级。

一天，我去接她时，索菲老师告诉我，一迪今天帮了她一个大忙。原来，二年级和五年级的两个孩子吵了起来，这本与一迪无关，但她目睹了全过程。在老师还未想好如何处理时，一迪便主动上前介入。她先是向二年级孩子指出，未经同意就拿别人的东西是不对的行为；接着又对五年级孩子说，尽管对方先犯错，但你的反应使情况变得更糟糕了。一迪还现场示范了二年级孩子应如何礼貌地请求，以及五年级孩子应如何回应。老师给我复述的时候说自己完全被震惊，称一迪的表达条理清晰，两个孩子都服了，最后问题也得到了解决。"比我处理得还好！"老师笑着，边说边给了一迪一个大大的拥抱。

我当然很得意，看来那些角色扮演练习都成了一迪自己的本事啦。

如何平衡对孩子的爱

问 ————

两个或多个孩子,同时询问我喜欢他们哪个,怎么做才能让孩子觉得我不偏心?

答 ————

让每个孩子都感觉自己是特殊的、独一无二的。

首先,每个孩子都是独立的个体,都有其独特之处。这并不是"鸡汤",从心底真正地认同这一点很重要。

如何做到呢?有以下几个方法:

方法一,给予孩子"特权"。

如果出门只有一个孩子跟着,那么这个孩子就能享受一点"小特权"。可以去他想去的地方,也可以在超市或者路边小商店买点他喜欢的小东西。重点并不在买的东西有多贵(其实都很便宜),而在于这个独一无二的体验:哇,这是属于我的特权!对孩子来说,这感觉多好啊!

安迪 12 岁那年,因一次小事故胳膊骨折,得定期去医院骨科检查。有次复查被安排在了周三的上午 11:00,我 10:30 从学校接上他,复查结束时已是中午 12 点。原本计划送他回学校,但考虑到学校下午 3:00 就放学了,我便把工作调整了一下,空出了一下午的时间。我们从医生那里出来后,我提议:"要不我们今天就

第 9 章 那些棘手的问题（儿童版）

不回学校了，去玩玩怎么样？"他其实并没有预料到我会这么说，眼睛都瞪圆了，兴奋地问："哇！可以吗？"

我问他想去哪里，他说想去商场吃冰激凌。我说好的！他高兴得不得了，对孩子来说，在一个本应上学的日子"逃学"出来玩，那种兴奋感真是无与伦比。我们一起去了商场，吃了冰激凌，又去糖果店买了一点糖果。

他在停车场对我说："妈妈，你知道吗？我们同学都觉得我有个特别棒的妈妈。"

我自然很得意，说："哈哈，是吗，为啥啊？"他用了一个英文词——chill，翻译成中文是"比较酷"的意思。我开始不觉得有什么特别的，直到后来我发现有一个特别好的对应的词，就是"松弛感"。从一个即将进入青春期的男孩和他的朋友口中听到这样的评价，真是非常酷的一件事，你说是不是？

你看，这些"小特权"不就是性价比特别高的投资吗？那一天我们花费的也就几十块人民币——一个冰激凌，几块糖，但对于促进亲子关系，以及在孩子青春期到来之前打下坚实的亲密关系基础，实在是一项回报率极高的投资。

这时候，你脑子里的"警察"可能跳出来了：
逃课，吃糖，那怎么行呢？
逃课当然不好，所以这是有前提的，那就是孩子足够自律。孩子并不是不喜欢上学，偶尔半天不上课也不至于就是世界末日。至于糖果，他也明白自己不能吃太多，但可以留着以后吃。

哪个孩子不喜欢糖果呢？因此，不仅允许，甚至陪孩子一起买糖果，让他们明白这是一个合理的需求，不需要偷偷摸摸，这样的态度反而更能培养孩子的自律。

既满足了孩子的小小愿望，还锻炼了他们抵制诱惑的能力，这岂不是一举两得的好事吗？

方法二，满足各个孩子的独特需求，不做比较。

安迪12岁的时候对电子产品兴趣浓厚，特别想要一副新耳机。我表达了支持，并告诉他："妈妈对这些不太懂，你做好研究，找一个性价比最高且你喜欢的，然后告诉我为什么会选它。"这样一来，孩子不仅感受到了尊重，还在这个过程中学会了如何做决策，对自己的选择和最终得到的东西也会更加珍惜。

老二鲁迪特别喜欢做饭，想买一个看起来很夸张的大汤勺。起初我觉得没必要，但退一步想想，这个投资不比买任何塑料玩具性价比都来得高？所以就答应了。现在厨房里有了一把他自己挑的汤勺，他觉得自己的选择非常棒。

一迪最小，平时穿的衣服鞋子都是哥哥穿过了的，她也乐于穿男孩子的衣服。当她想买一个稍贵的东西时，我会对她说："你穿哥哥的衣服给妈妈省了很多钱，这个我们多花一点没问题！"

孩子在被特殊对待的时候，会觉得自己有足够的配得感，这对孩子的心理健康非常重要。

家里有多个孩子时，我们容易习惯性地进行比较：看看哥哥这么大的时候能够怎么样，你也应该怎么样。

但实际上，这种比较对孩子是没有意义的，因为每个孩子都是独一无二的。

因此，要经常提醒自己：
如果眼前这个孩子是我唯一的孩子，我会怎么回应他。
经过这样考虑的回应往往对孩子才是最合适的。

方法三，主动给孩子"打掩护"。

安迪大概9岁的时候，有一次拿了鲁迪的东西没还，鲁迪发现后很生气。我发现是安迪忘了放回去，并非故意为之，也看得出他很紧张。我就说："啊，鲁迪宝贝，这是妈妈拿的，忘放回去了，对不起！"然后郑重地向鲁迪道歉。

后来出门，安迪抓着我的手说："谢谢妈妈！"他显然没有意料到我会帮他这个忙，觉得受到了"优待"。

这时候，你脑子里的"警察"可能又跳出来了：
这样做不会让孩子是非不分吗？难道不会以后还这样做吗？
首先，这样做的前提是一定要和孩子常沟通，让孩子明白要对自己的行为负责，所以这不是常态。

当有了这样的基础之后，我们适当"宽容"地对孩子，不仅不会纵容他，反而会有很好的效果。因为每个孩子的本真都是善的，当他被善待，犯错误得到了谅解，实际上都会在他心里种下善的种子。他自己之后会更加警醒和小心，也更有可能在别人犯错误的时候，用同样宽容的心去对待他们。

孩子对电子产品上瘾，怎么办

问 ————

　　孩子很喜欢玩电子游戏，玩起来不分昼夜，对电子产品上瘾怎么办？

答 ————

　　先讲一个成功的企业家做过的比喻。这位企业家在青少年时期没事干就打游戏。他说当时并不是觉得打游戏真的有多好，只是学校生活太无聊了。他说：

> 如果你只给孩子两个选择，吃冰激凌和吃泥巴，他肯定选冰激凌，因为另一个选择实在是太糟糕了。但如果另一个选择是营养均衡、味道好的食物，他可能就不会选择吃冰激凌了。所以我们应该思考的，不是怎样阻止孩子吃冰激凌，而是如何在冰激凌之外，给孩子更多"有营养"的选择。

　　这个比喻很到位，我们首先需要在家里为孩子提供丰富且有

第 9 章　那些棘手的问题（儿童版）

趣的选择，这些选择就是各种活动。玩魔方、桌游、做手工、做饭、户外运动，等等。人一旦尝过很多美味之后，就不会总想要吃冰激凌了。有了这个基础，偶尔吃冰激凌当然是可以的，毕竟，哪个孩子不喜欢吃冰激凌呢？

我们不应只关注问题本身。就像你受了点小伤，仅贴创可贴固然有用，但更需要关注的是如何减少再次受伤的可能。否则，我们只能每天疲于奔命地贴创可贴，像是控制游戏时间、藏起电子设备等，并不能真正地解决问题。

在这个基础上，再来考虑如何应对"冰激凌"的问题。

我是反对直接去限制游戏时间的。如果限制孩子只能玩 15 分钟，还设了一个闹钟，孩子肯定要把 15 分钟全部利用起来，而不会在第 14 分钟的时候停下来。而且，限制时间反而会让孩子在潜意识里得到一个信息——这个东西是很宝贵的，我要去最大化地争取，这反而给了孩子一个错误的引导。

当然，不限制并不等于放任。

如果我们第一步做好了，让孩子认识到这件事没有那么吸引人，那么他们就会觉得可以玩的时候玩一玩，没得玩也无所谓。在这基础上，我们再引导孩子培养时间观念，记录孩子玩了多少时间，和做其他事情所花费的时间做比较。慢慢地，孩子就会建立起时间观念。

其实电子设备上有很多有益的资源，我们可以和孩子一起选择观看的内容。游戏也不是万恶的，孩子若感到被尊重和接纳，也会乐意和你分享他在玩的游戏，你可以和他们讨论如何挑选游戏。

安迪和我分享过，他不玩多人同时在线的游戏。因为一旦开始，他就会有很大的压力，所花的时间也会很长。但除此之外，还是有很多有意思的游戏可以选择的。

采访一迪：迷恋电子设备怎么办？

我 一迪，很多叔叔阿姨问我："怎么让孩子不总是抱着电子设备，比如玩 iPad？"

一迪 首先，不限制孩子的观看时间："你每天只能看10分钟。"因为限制时间会让他们更想玩。

我 是的。妈妈给你限制时间吗？

一迪 不，妈妈不会限制时间。因为如果我用完了20分钟，我就想要更多时间。

我 对，如果限制时间，你就会趁妈妈不注意时偷偷地玩是吧？但很多人说，如果不限制时间，孩子自己也不限制怎么办？

一迪 你可以告诉他们，不限制也行，但是需要先把作业做完。我就是这么安排时间的。

第9章 那些棘手的问题（儿童版）

我 嗯，对。把该做的事做完，然后再玩。但是有时候 iPad 很好玩，打游戏连打 5 个小时也不够。你怎么解决这个问题呢？

一迪 我不想戴眼镜。

我 嗯，对，那怎么做才会对眼睛好呢？

一迪 可以去有绿植的环境里走一走，多运动。

我 你也看 iPad，对吧？你一般都看些啥？

一迪 我喜欢看马克·罗伯（Mark Rober）的视频，还有在 Youtube 上学玩魔方，在 iPad 上也能学一些有用的东西。

采访鲁迪：迷恋电子设备怎么办？

我 鲁迪，很多叔叔阿姨问："孩子每天都抱着 iPad、手机玩游戏，一玩就是几个小时，怎么办？"你有什么建议吗？

鲁迪 我会先把所有的作业做完，然后玩一会儿喜欢的东西，比如一些小游戏。

我 你觉得需不需要限制孩子在 iPad 上玩游戏的时间？

鲁迪 要是限制，他们就会更想玩。

我	太对了。妈妈没限制过，但你是怎么管理自己的使用时间的呢？
鲁迪	有一次，很多朋友一起在线上玩，所以我那天玩的时间很长。这导致我的眼睛有点疼。
我	所以你自己也不想玩那么久了。为了保护眼睛，要怎么做呢？
鲁迪	可以看iPad，但不要看太久。比如，每天看一小时，每次看一会儿就放松一下眼睛。我会躺着眯一会儿。
我	你都用iPad做些什么呢？
鲁迪	我玩游戏，还看YouTube，比如学做饭的视频。
我	你对其他孩子的爸爸妈妈有什么建议呢？
鲁迪	多在家里跟孩子玩一些其他游戏，比如独角兽卡牌、桌游等。
我	你觉得在家里最好玩的是什么？
鲁迪	做饭很好玩。
我	哈哈，对。

第 9 章 那些棘手的问题（儿童版）

什么时候应该出手帮助孩子

问

我知道需要让孩子独立，但是很多时候孩子是需要帮助的，我该怎么把握这个度呢？

答

我在和美国普特尼高中（Putney School）的校长丹尼尔·奥布莱恩（Daniel O'Brien）对谈时，他提到了一本书《救生员父母》（Lifeguard Parenting）。

书中讲，当救生员看到一个人在水里挣扎时，第一件事是先在岸上观察一会儿，看这个人能否自救。

如果水里的人持续挣扎，救生员就会跳进水里，但不会立即游到那个人身边。他们会站在距落水者9~14米的位置，观察他能否在意识到有人随时准备救援的情况下，自行游回岸边。如果他仍旧挣扎，救生员便会游近，安慰他："你可以的，深呼吸，岸就在那里，你知道怎么游回去。"他们会提醒落水者踢动双腿，持续朝着正确的方向前进。

救生员的做法就是不断地给机会和支持，让落水者尽量能够自救。

在经过所有这些步骤之后，如果水里的人仍旧在挣扎，救生员才会用救生圈把这个人带回岸边。

作为父母，我们往往倾向于直接跳到最后一步，而不是提醒孩子他们拥有解决问题的能力，或者观察他们是否能独立解决问题。我们的本能是立即给孩子救生衣，直接将他们带回安全地带，因为这样对我们而言更容易，但实际上这并不利于孩子的成长。

我给9岁的一迪报了个网球课。教练是个东欧人，总错误地叫她"一贼（Yizee）"。大概两周后，一迪才告诉我她不喜欢教练总叫错自己的名字。我一直在想是不是应该给教练写封邮件，告诉他孩子名字的正确发音，但是有一天，我送一迪去网球场时，看到一迪自己走上前对教练说："教练，我的名字是'一迪'。"

那一刻，我很庆幸自己没有介入，因为这次经历让我看到了孩子自己解决问题的勇气和能力。

吹牛时间

吹牛1

记得上次安迪跟我说他的同学觉得我很酷（chill）吗？
然后他说，你知道吗，家长分3类：
第一类是不能被批评的家长。居高临下，开不起玩笑。
第二类是可以被批评的，开得起玩笑。
我说："嗯，这不错，我可以是这一类。"

他说："不对，你是第三种。"

我说："第三种是啥？"

他说："就是我批评你，你会反击。我批评了你，你会以牙还牙！"

哈哈，我觉得，那必须啊。

吹牛 2

我问 11 岁的鲁迪，如果让你用 3 个词描述妈妈，你会用哪 3 个？

他脱口而出：友善，搞笑，有爱。

啊，我觉得这个"搞笑"很高级啊！

我说："谢谢你给我这么高的评价！除了我，还有哪些大人是搞笑的呢？"

他想了想，说："大多数的美国爸爸都很搞笑。"

我问，怎么搞笑的呢？

"他们总在开玩笑，讲笑话。"

孩子的观察好细致！

是啊！谁小时候会喜欢板着脸的大人呢？我们肯定都喜欢会讲笑话的亲戚，不是吗？

所以，我们也争取做孩子生活里那个搞笑的大人吧！

吹牛 3

9岁的一迪晚上睡得迷迷糊糊，突然醒了，跟我说："妈妈，你去给我的 iPad 充上电。"

我说："妈妈不想去。"她立马把她的毛绒玩具拿出来，使用"特权"："哼哼，它可在看着你呢！你去不去！"

我赶紧投降："啊，不要打我的小报告，这就去！"

一迪咯咯笑，回去睡了。

睡得稀里糊涂还能这么娴熟地运用我们家的神器大法，说明我很成功啊！

第四部分 看见真相，轻松养育

每个人都有入世的生活,
真相是,
"玩"得好,笑得出,
才更容易"学"得好,"过"得好。

因为"笑"的底层,
不是幼稚或肤浅,
恰恰相反,
是看到真相。

第 10 章
怎么就丧失了笑的能力

聊了这么多"如何笑得出来",
现在回溯一下,
我们是如何陷入"不会笑"的境地的。

问题是孩子带来的吗

我们面临的所有育儿问题,都是有了孩子之后出现的,
这是不是就意味着,问题都是孩子带来的?

其实稍做思考就会发现,这个推论有些可笑。
就好比我们谈恋爱当中发生的问题,一定是在有了男朋友或女朋友之后出现的,
难道就能说这些问题,都是男朋友或女朋友带来的吗?

显然不是,只是这些生活的际遇,刚好让我们本就有的"自

我"有机会凸显和浮现罢了。

即使新手父母，也不是一张纯粹的白纸。

不仅不是一张白纸，甚至潜意识中已经形成了一定的思维模式、心理模式和行为模式。

这些模式往往经历了几代人的传承，留有家庭和时代的深刻印记。我们作为新手父母，会不自觉地将这些模式带入与孩子的互动之中，直至碰壁后才开始反思，继而才可能看到自己曾经"无觉"的内在模式。

一迪玩过一种图画书，书里每一页看上去都是白纸，但当用笔蘸上水，在这本书上画的时候，就会显现出各种各样的图案，如果更直接一点，拿一杯清水泼到纸上，图案就会立即显现。

这其实是对我们和孩子之间关系的一个隐喻。

图案早就在纸上了，只需一杯清水，就会清晰可见。

并非清水使你变成了某种模样，而是你本就有这些印记，只是有清水之后，这些图案才得以显现而已。

于我们的人生而言，能够有机会洞察这些内在的图案，是一种珍贵的馈赠。

孩子的降临带给我们的种种困难和挑战，都是难得的锻炼机会。因为它们能够让我们看到那些自身深藏的、未曾觉察的关于

第 10 章 怎么就丧失了笑的能力

"我"的内在模式，那些平日里不为人知的"隐形图案"。

"隐形图案"从何而来

每个人内心的"隐形图案"，大体源自三个方面。

第一，家庭的传承，这是最直接的来源。

家里长辈会说孩子是这样的，因为我们小的时候就是这样的。

亲戚们也会分享，说这样的方法是好用的，那样的方法是无效的。

这些都潜移默化地塑造了我们观察孩子的视角和养育他们的方式。

第二，社会文化和历史的印记。

每个人与社会的关系，都是"浸泡"与"被浸泡"的关系。

社会如同一个泡菜坛子，于个体而言是一个高浓度、高渗透的环境。身在其中的我们，会因社会的风俗习惯和文化理念浸泡而"入味"。

在我们年纪尚小、无觉的时候，这种塑形作用尤为明显。那个时候的我们，辨别能力和独立思考能力都尚未成熟，很容易接受和吸收周遭的"文化输入"。

当我们步入中学和大学，又离开学校走入社会后，独立思考能力显著提高。看到社会上发生的很多现象与自己曾经在书本上学到、听到的有冲突，便开始接收与既有认知冲突的新信息，我们也具备了更强的思考能力，会意识到过往所学或许不是唯一准则。

而社会文化的影响不仅限于我们生活的当代社会，久远的历史也以文化的形式潜移默化地影响着我们。

第三，我们自己被养育的过程。

我们自己被养育的过程，在很大程度上决定了我们与孩子的互动方式。这些方式不是我们习得的或有意为之的，更多源自我们的潜意识。这就是前面说的"成年人自己的内心状态对孩子的影响"中的"内心状态"。

这个状态不是我们的大脑构建出来的，也不是表演出来的，而是我们由内而外展现出来的真实状态。比如，情绪底色是乐观还是悲观，面对突发事件或不确定的未来，是兴奋期待还是恐惧焦虑，这些都源自我们的潜意识。

而我们的情绪底色对孩子的影响远超我们自以为拥有的教育理念和教养知识，这底色也是我们构建自己教育理念中最强大的影响因素。

而且这个因素，一旦意识到，是可以改变的，我们后面会讲到。

所以，即便是新手父母，也并非一张未经书写的白纸，每一对新手父母都带着个人的经验、家族代代相传的故事以及社会文

第10章 怎么就丧失了笑的能力

化的浸染,我们是在"泡菜坛子"中逐渐学会扮演父母角色的。

《人物》杂志报道过艺术家黄静远及其推广的一个教育项目"写母亲",该项目是与那些处于职场流动状态的妈妈们合作,并在广州的城中村里展开的。在项目的后记中,静远写下了这样一段话:

> 但真的实施以后,我发现"对话"和"自由发挥"是需要前提的,而这个前提现在几乎不存在。女工既不是白纸,也很难用简单的"缺乏经验"或"受教育程度不高"来概括。从我的角度看,她们是被高度"污染"和"规训"的。这些"污染"包括:中学时代被灌输的"中心思想+三段式写作法";对抒情和口号的推崇;对一些所谓"经典文学"权威的崇拜,对所谓"美文"和"成功学"的迷信;对遣词造句、修辞手法、衔接过渡之类的追随;受害者叙事模式等。这些内化的文字等级感不仅伤害她们的表达,还伤害她们的内心,让她们始终被自卑笼罩。

这一段话,让我非常有感触,特别是"污染"和"规训"这两个概念。

意识到这一点非常重要。我们每个人都经历过很多未曾察觉的"污染"和"规训"。

我们视为天经地义的育儿模式,若不能意识到其潜在的局限性,那么这个育儿模式往往会变成我们做好父母路上的障碍。

如何面对"自我的惯性"

看到这些内在图案之后,怎么做呢?
答案似乎是:保留好的,擦除坏的。
但实际并非如此。

如果可以有一个"目的",大概也是将**这些图案消融,让它们"不存在"**。

这些图案就好像窗棂,透过有窗棂的窗户看天空,会感觉天空被分割了。去掉窗棂,我们才能看见完整的天空。

在养育中,当我们看到"完整的天空",才能真切感知到孩子和自己当下的需求,进而做出合适的回应。

做到这一点,是最难的功课,但并非无路可行。
这些隐形图案,大多是在我们成长的过程中不自觉地形成的。
每个人都曾是个孩子,在心智发展过程中内化的东西,成了我们"自动驾驶"模式的一部分。

但这只是一部分,并非全部。
因为我们每个人都有无限的生命力和智慧。
一旦我们开始意识到并看见这些内化的模式,我们就开始真正接触自己的那股生命力和智慧了。

因此,作为父母,真正的成长起点是,我们意识到"内化的

第 10 章 怎么就丧失了笑的能力

我"并非真正的我,也不是全部的"我"。

隐藏在我内化的一层层图案之下的那个"我",才是真正充满智慧和完整的我。

我一直在说的觉察、小种子、松松土,都是在引导我们去看见那个隐藏在"图案"之下的"更大的我"。

2022 年的一天,我们驾车在路上,旁边一辆车超过了我们。透过车窗,可以看到旁边车里也是一家人,孩子坐在后座。一迪在车后座上说:"妈妈,对我来说,旁边车里的一家人就是随机出现的家庭。但是我想,他们看我们,是不是会觉得我们也是一个随机出现的家庭?"

这个问题看似简单,没什么意义,却深深触动了我。

因为孩子所表达的,正是一种难得的"抽离感",一种对自我和他人都有"退后一步"的观察。

我回应她说:"是啊,这个观察好棒!"又指向另一辆车,说:"你看,对那辆车里的人来说,我们这辆车里坐着的是不是也是随机出现的家庭?"

她笑着回应:"哈哈,对!"

这种抽离,是觉知、觉察,也是冥想。咏给·明就仁波切说过一句话:

一个在湖里挣扎的人,当他能看到水时,他其实已经在水外了。

这些看上去不起眼的事实,实际上都是我们在退后一步观察时看到的"窗棂"。

你看,孩子就有这样的智慧。

作为父母,我们自己开始产生这样的抽离感时,就是我们在重新理解自己曾经接受的养育过程。

退后一步,我们就可能看到那些"图案"。

因此,回到"起点",认识到我们并非一张白纸是非常重要的。

这样做,你就会有意识地觉察到,那些根深蒂固的理念和假设并非不可以被挑战。

作为父母,我们的成长和精进正是通过意识到并改变我们内心曾经的信念而实现的。

养育的终点在哪里

前面讲到了开始,那么,有结束吗?

养育孩子这件事的终点又在何方呢?

实际情况是,孩子在成长过程中的每一时、每一刻都是新的。当你成为两岁孩子的妈妈时,孩子从两岁到三岁,每天都在

第 10 章　怎么就丧失了笑的能力

发生巨大的变化，会不断地有新的情况和新的挑战。

那么，18 岁就是终点了吗？他可能去了心仪的大学。那么毕业之后呢？

孩子找到工作能够自食其力就是终点，还是等孩子有了自己的家庭？是不是还要往后推？

那时候，我们仍然是父母，只是成了成年子女的父母，仍然面临着新的状况。

因此，似乎并不存在所谓的"终点"。

如果我们追求的是这样的时间界限，那也许死亡就是唯一的终点。但即便如此，一个人对一个家庭的影响在其肉身消逝后依旧深远。

所以，哪怕是死亡，也并非真正的终点。

那，终点到底在哪里？

我们前面讲到了王占郡老师通过"魔术"变出果汁来解决问题的故事。

这个决定的起点是，爸爸意识到孩子的情绪，并选择退后一步采取其他方法应对。而**终点，恰恰也在爸爸意识到孩子情绪的那个当下。**

生活并非赛跑，没有跑道，也没有终点。

每一个起点，都是终点，

而每一个终点，又都是新的起点。
这就是所谓的"当下"。

这时候，你脑子里的"警察"可能跳出来了：
这好不切实际啊！怎么能不想未来、不为未来做准备呢？

当然，我们要为未来做好准备。
但问题在于：什么是最好的准备？
最好的准备就是在每一个当下能够抽离、觉察、看到事情本身的样子，并做出相应的反应。正如迈克·辛格（Michael Singer）在《臣服实验》（*The Surrender Experiment*）中所言：

> 我们无须做出什么决定，我们要做的是与当下的真实生活互动。

当我们能够这样度过每一个当下，那么这一连串的当下便串联成了一个最好的未来。

一迪 8 岁的时候曾问过我一个大问题：什么是生活？
我们讨论的结论是：我们怎么过自己的每一天，我们的生活就是什么样子。孩子可能没有使用"当下"这个词，但其实说的意思一样。
也就是：**此岸，即彼岸。**

我们追求的幸福和成功呢

难道这就是彼岸了？就是终点了？

有了孩子，我们不可避免地要想到将来吧？说不想是不可能的。那我们不妨先来寻找一个更世俗的问题的答案：**我们希望将孩子培养成什么样的人？**

每个家长应该都思考过这个问题，答案可能也相似：希望孩子健康成长、拥有幸福和成功。这个答案投射了我们对孩子最真诚和深刻的爱。

但难点在于，如何定义成功和幸福？实现它们的路径又是什么样的？

1. 成功

成功有很多被大家广泛认可的定义：一定的社会地位和学历水平，稳定体面的工作，以及实现梦想的基础和可能性。

在这些宏大的定义中，成功被分成两类：一类看得见、摸得着，如学历、工资和职位。很多"人生指南"都在讲如何追求这些看得见的东西。还有更重要的一类，是看不见、摸不着的，如完善的人格、健康的身心，以及与周围人建立深度友好关系的能力，或者说，笑得出来的能力。

真相是，这些无形的因素是"有形"成功的基础；或者说，那些看不见的是因，而看得见的是果。

因为个人的工作如何、身在何处、有什么样的收入，很多时候基于际遇或机缘。

这机缘在不同的时间、不同的地点会有不同的展现，是我们无法控制的。

但如果拥有健全的人格、健康的身体和良好的心态，我们就能够与周围的人建立深度友好的关系。

也就是说，如果孩子"笑得出来"，那你可以相信，不论处于何种境遇，他都会拥有属于自己的成功。

所有这些看不见的，才应该是我们追求的目标。

2. 幸福

幸福主观且抽象。

如果我们能够诚实、真实地面对自己，那么幸福的定义只有我们自己能决定。

只要我自己觉得幸福，那就是幸福。

孩子的幸福感，也是他自己的主观感受。

他的幸福感从何而来？和成年人一样，**源于由内而外的自洽与一致。**

我们内心追求的、渴望的和我们在外在世界里所做的事情、所呈现的状态是一致的，这就是一种幸福。英文称为 congruence（一致）。

所以如果认同幸福来自内外的和谐——自内而外的自洽和一致，那么幸福也就和成功一样，源自健全的人格、良好的情绪调

第 10 章 怎么就丧失了笑的能力

节能力、构建深度有益关系的能力，以及应对挑战和挫折的能力。当这些都具备时，幸福自然会自内而外地流露。

也就是说：如果底层有"笑得出来"的能力，表现就是"笑到最后"的结果。

那么，我们如何培养孩子"笑得出来"的能力呢？

实际上，孩子天生就笑得出来，我们不碍事就行了！

然而，读到这里，你可能已经了解了，不碍事，并不容易。

我们"隐形图案"里的那些沟沟壑壑，那些内在障碍，都很容易成为妨碍。

所以，要笑得出来，我们需要做的是，看到这些障碍，并"拆掉"它们，而不是着急"添加"新的东西。

每个孩子，都生活在成年人外溢出来的场域里，从中吸收"全息"的信息。

这个场域对孩子的影响远远大于成年人的说教。

不仅是孩子，成年人也如此。

当你走进一个会议室或是见到一个人，会感觉到一种气场。对方可能一句话都不用讲，你就能感受到这个气场，不是吗？

所以我们对孩子的教育，大部分也不是通过说教来完成的，而是通过我们自身的状态向外构建出的家庭场域。

对这个场域影响最大的，是我们自己内在的真实状态。

我们的内在障碍越少,这个场域就越松弛。

场域松弛了,孩子的本色得以最充分地发展,他们的天性——"笑得出来"的本真的样子,也就能自然展现。

每个孩子的内心,都是一片深海

虽然我们尝试理解儿童,但真正理解其实是困难的,甚至是不可能的。不过,当我们通过孩子反观自己时,这个旅程便变得充满意义。

我的朋友文嘉琳和她先生在福建从事古宅修复的工作,其中一座被修复的古宅"薛府"成了村里孩子们的活动场所。嘉琳是两个孩子的母亲,常在朋友圈分享"主妇日记"。下面这一段,就写出了理解孩子之难。

周六的薛府总会很热闹。孩子们三五成群地聚在这里。邻居送了我们1只小兔子和3只小鸡,我把它们放在院子里的草坪上,本意是希望孩子们可以观察它们,结果,总是有孩子要去追赶、捉捕,然后又因为害怕,重重地把它们摔下来……孩子们七嘴八舌,纷扰一片。

我整理了一下儿童书籍,看起来的小事情却花去了很多时间。孩子们绕着我,我有时候顺道给他们读读书。邻居家小天宝不到两岁,还不会说话。我收书,他

第10章 怎么就丧失了笑的能力

也帮忙收书,从桌子上一本本地往书架上放,煞有介事的样子。我如果读书,他也凑过来,很认真地听着。一到这个时候,妹妹就不满意了,生怕妈妈被抢走了。

儿童天生的嫉妒心有时候会像猫抓一样地折磨着他们。我的儿子在妹妹出生前,简直就像一个暖心的小天使,即使我有孕期间,在他尚未感受到威胁和冷落的时候,也是天天对着我的肚子与妹妹说话、给妹妹讲故事。直到我入院准备生产,小小的人儿突然备受冷落,于是便请求我:"把妹妹退回去吧!"那之后他对我过于频繁地亲近示好,把套在要照顾新生儿的母亲脖子上的"绳索"勒得更紧了,以至有一回我大发雷霆,平时隔三岔五的烦躁就更别提了。如今,儿子有了自己的社交圈,自然不那么黏我了,但和妹妹相处,仍然是在暗暗较劲。

爸爸有时候自我感觉良好,感叹:"孩子们真幸福啊!"每当此时,我都嗤之以鼻。每一个儿童的心灵都可能是一片深海,那里的暴风骤雨谁又能见到?我在看伯格曼的自传时,看到4岁的他因为妒忌心的折磨,准备去杀掉刚出生的妹妹;为了夺回母亲的注意力,玩起了"生病的把戏"(但的确是生理上的呕吐和昏厥)。谁又能否认年幼的孩子没有经历过一场童年的苦难呢?

毫无疑问,儿童成长的烦恼,于母亲来说,何尝不是一样。孩子诞生的那一刻,虽然医生用剪刀剪断了与母亲连接的脐带,但隐形的脐带永远存在。两个独立的个体,因为这条隐形的脐带,既生产爱也生产冲突。孩子是母体自我分裂出来的一个"非我",他既是母亲不可抗拒的一部分,又是与母亲完全不同的个体。我觉得,这就是女性和男性在自我成长过程中所面临的不同状况的根本所在。

　　一个做了母亲的女性,自然有更为复杂的自我纠葛。我不太确定别人怎么样,反正我自从有了孩子以后,就更加关注教育方面的信息,这表面看起来是为了孩子的成长,其实完全是一种自我平复。只有这个时候,你会感觉既没有忽略孩子,又在自我成长,还暂时地撇开了现实。

写得多好,
每一个孩子的内心,都是一片深海。
我们对教育的思考,是一种自我平复。
有了这样的底色,养育才不只是一段苦行。

教育的三个层次

　　教育到底是什么?
　　我们每天学教育、谈教育、思考教育、听教育专家讲教育。内容很多很杂,层次似乎也很不一样,那到底什么是教育?
　　我尝试这样理解教育,在个体层面,教育有3个层次:

第10章 怎么就丧失了笑的能力

最外层，是关于技能获得的。

学习一门语言、一项本领，基本都有方法，有相对确定的路径。这是教育吗？当然是，但只是最外层。

中间层，是关于获得面对"不确定"的能力的。

面对不确定，如何判断环境，用什么准则做参考、做决定，这是在没有路的地方走出一条路来的能力，也是人生之路展现出来的样子。

最核心层，是关于获得内在的生命力和智慧的。

每个人都是本自具足的，都有内在的金矿。如何通过破除和放下层层障碍去接触到这内在的金矿，是教育的最核心层。

《道德经》讲"为学日益，为道日损"。为学日益，是最外层的教育，是做加法；为道日损，是最核心层的教育，是做减法。中间层是内里和外在之间我们呈现出的人生路径。

所以我们在周围环境里看到的、听到的教育，大部分的确是教育，但存在层次之分。希望这样一个框架可以帮大家建立自己的教育观。

● 说说心里话

我们为什么爱她

下面这首长诗出自我在美国的朋友佩里（Perry），是他在将近 60 岁的时候写给已故的妈妈碧（Bee）的。这首感人的小诗，触及了家庭教育的真谛。

今天，我以一种新的形式与大家分享它（这首长诗是佩里用英文写的，我做的中文翻译）。

我们为什么爱她

我们爱碧，因为她带我们在家附近的小河里钓鱼，虽然我们钓到的鱼都很小，而且搞得鞋上全是泥，她还是会说我们做得很棒。

我们爱碧，因为当我们钓到了一只小乌龟，而不是一条鱼，因此吓得不得了的时候，她会把鱼钩拿出来，而且拿鱼钩的时候没有伤害到那只小乌龟。

我们爱碧，因为我们小的时候丢了手套，她不会骂我

第10章 怎么就丧失了笑的能力

们。她会买新的手套,并找一根布条,把两只手套缝在布条的两端,然后把布条和手套穿过冬天厚衣服的袖子,再从袖口伸出来,就挂在那里,这样当我们需要的时候手套就总在那里。

我们爱碧,因为她总和我们碰鼻子。我们小时候以为所有的妈妈都这样做,长大以后发现其实并不是。

我们爱碧,因为她叫我们花生酱,叫我们胡椒,叫我们苹果酱、苹果派、小甜梅子、梅子布丁、南瓜布丁、烤羊肉,还叫我们toppers。小时候我们不知道toppers是什么意思,长大以后我们还是不知道toppers是什么意思,但我们知道它是"爱"的意思。

我们爱碧,因为我们家的狗爱碧。我们不在家的时候,狗狗形影不离地跟着碧。它知道谁是最可以依靠的。

我们爱碧,因为她会选最好的食物放在我们的盘子里,她会把最好的食物放在每个人的盘子里,她会把最好的食物放在任何人的盘子里,她把鸡脖子放在自己的盘子里。

我们爱碧,因为她是内布拉斯加州人,她去过世界上很多地方,但她总是内布拉斯加州的人。

我们爱碧，因为当她给我们穿袜子的时候，她会说，"先穿一只脚，再穿另一只脚。玛莎（Martha）是妹妹，佩里（Perry）是哥哥"。

我们爱碧，因为她把小弟弟布鲁斯（Bruce）用布兜在她的背上，在她忙忙碌碌做各种事情的时候，她允许小弟弟在后面用小手拍打她的肩膀。

我们爱碧，因为她的内衣上常常有洞，她为我们可以献出自己的生命，但她对自己内衣上的洞却从不在乎。

我们爱碧，因为她总在我们的家庭作业上写"很棒"，也在我们各种随便画的所谓的艺术作品上这样写。

我们爱碧，因为她从来不发火，从来没有，一次也没有，让人难以置信。她有足够的理由发火，她就是做不来。

我们爱碧，因为她头发的颜色。她告诉我们，当她是小姑娘的时候，她的头发是金黄色的，她长大一些的时候头发变成了棕色，然后是黑色，后来又变成了灰白色。但在我们有记忆的时候，她头发就是灰白色。也许我们其实就是她的头发变成灰白色的原因。最开始是盐和胡椒那样的灰色，后来变成灰白色和白色，随着她年龄的

第 10 章　怎么就丧失了笑的能力

增长又多了些黄色。为了掩盖那种发黄的白，她会抹上一些蓝颜色的染发剂，有的时候抹太多了，她的头发就变成了蓝色。她就再调整一下，又变成白色了，然后一直到最后还是白色。所以，综述一下她的头发的颜色，是金黄色、棕色、黑色、灰色、白色、黄白色、蓝色、白色。

我们爱碧，因为她不同意你的观点的时候会说"笨蛋"，而且会直接当着你的面说，哪怕面前是美国总统，她也一样会这样说。

我们爱碧，因为她会揉我们的背。

我们爱碧，因为当她在学校时，一个处于困境的男孩用一把刀去威胁其他同学并违反校规的时候，碧慢慢地走向那个男孩，跟他说一切都会好的，那个男孩最终冷静下来，把刀给了她。

我们爱碧，因为她给你吃萝卜泥的时候从来不征求你的意见，她会把萝卜泥满满地放在你的盘子里，然后当你并没有时间说出自己的意见的时候，她就会说"这个很好"，而且她是真心实意的。

我们爱碧，因为那些萝卜泥真的很好，同样好的还有她做的地瓜、烤猪肉、芹菜蘸软奶酪、南瓜布丁、柠檬蛋糕，所有东西都很好。

我们爱碧，因为当我们全家出去玩，在路边停下来"解决问题"的时候，我们会等到她蹲下来，然后大声喊"看，马戏团来啦"，她总是非常惊恐地向上看，说"啊，不要"，每次都是这样，屡试不爽。

我们爱碧，因为每次我们逗她的时候，她从来不发火，而是和我们一起笑，真正的大笑。

我们爱碧，因为她是自然的孩子，她能够说出一英亩的土地上生长着的56种野花的名字。她最喜欢的颜色是灰色和棕色。过了冬至，她能够感到白天在变长。

我们爱碧，因为她总让我们喝鳕鱼油，天知道那到底是什么东西，但它的名字是鳕鱼油。碧说这个对我们好，我们就喝了，而且喝了好多。

我们爱碧，因为当她步入老年，大脑已经衰退的时候，还会跟我们玩扑克牌，哪怕她已经不喜欢玩了。她已经不知道该出什么牌了。她只能猜，然后输掉。她这样做，是不想因为自己让别人扫兴。

第10章 怎么就丧失了笑的能力

我们爱碧,因为每一次我们离开,她都站在那儿长久地挥手,毫无例外。哪怕我们在她眼前消失,她还在那儿挥手,她也会哭。

我们爱碧,因为她爱我们。

我们爱碧,虽然她的耳朵听不到这首诗了,但我们能感觉到她的灵魂还可以。

我们爱碧,哪怕她已经去世,她生命的大美还是给我们带来了无限的欢喜。

第 11 章
轮回里看到自己

从《爱弥儿》说起

1762 年，法国哲学家让 - 雅克·卢梭（Jean-Jacques Rousseau）撰写了哲学小说《爱弥儿》。在序言中，卢梭讲道：

众人都在呼喊教育，但没有人确切知道教育的真正含义。教育的理论和实践之间似乎有着无法弥合的鸿沟。

这个问题的根源是什么呢？我们应该将教育视为一种机械制造，以传授各种知识和技能为主，还是应该将其视为一种自然过程，以培养人类最高的精神和道德能力为主？

这些问题在现代社会中变得越来越重要，因为教育不仅仅是为了培养人才，也是为了塑造人类的性格和精神。

第 11 章　轮回里看到自己

在《爱弥儿》一书中，卢梭提出的关于教育的见解，基于下面两个因素而显得尤为珍贵：第一，本书问世于 1762 年，正值欧洲工业革命的前夜。这个时期的工业化浪潮尚未全面涌现，卢梭却已经洞察到社会发展的潜在走向，并表达了对于教育将人工具化的隐忧，这些思考也在之后成为现代教育奠基性的思想。第二，卢梭生于 1712 年，撰写《爱弥儿》时已是知天命之年。他在 50 岁时回顾和思考教育，是凝集了浓厚的人生阅历、智慧和反思的。

从另一个角度思考：1762 年既是《爱弥儿》问世的年份，也是中国的乾隆皇帝在位的第 27 年。当我们提及乾隆，首先想到的恐怕是古装剧，会将"乾隆时代"归类为"古代"。但其实，这个所谓的"古代"是和《爱弥儿》的出版、蒸汽机的改良，乃至美国第一任总统乔治·华盛顿的就任同时代的。1776 年的《独立宣言》，也是乾隆年间发布的。这一历史时间线上的交错，让我们对文明的不同步发展产生了强烈的错位感。

这些看上去凌乱的思考——《爱弥儿》、卢梭、《独立宣言》、工业革命、50 岁的爸爸身份，以及和华盛顿同时代的乾隆，其实都折射出同一个现实：**每个时代的父母，都处在一个复杂、多维、既相连又相异的世界中。他们在一个无法选择的历史场景里，用个体的生命体验，不断地探索和应对未知的挑战。**

所以，回到本书的开篇：**做父母难，不仅因为眼前的灵性个体，也因为我们所处的一个具有偶然性的、复杂的、多维的、无法选择的历史场景。**

一个个体记录

我的父母出生于20世纪50年代初,在一个艰难的时代度过了自己的童年和青少年。他们的学业在初中便告一段落,因此,谈不上有什么"丰富的知识储备"。经常有人询问我妈妈是怎么教育我的,她总是简单地用三个字回答:"不管她。"再多说点就是:"让她吃好、穿暖、别生病,没了。"这就是她的核心教育哲学。但我自己成年后,尤其在接触教育之后才意识到,这种"无为"带来的"自由"是很高级的教育了。

"自己管自己"的童年

我妈妈是一个典型的"女强人",不到40岁就在五千多员工的化工厂里做到了总工程师兼副厂长,也是厂里的第一名女性总工程师。在我的记忆里,她几乎天天加班,回家后也经常看书、写材料。在她的生活排序中,工作和事业是第一位的。

这也是那个时代很多人的生活常态。

在我出生56天后,妈妈就结束产假去上班了,我被送到了工厂的托儿所。妈妈后来回忆,厂里规定一天可以喂两次奶,但她以为只能喂一次。那时,我在床上一躺就是一天,哭得眼泪流到耳朵边上都结出了盐渍。为了防止眼泪流到耳朵里引发中耳炎,妈妈每次送我去的时候都会在我耳朵里塞上棉花。那时的托儿所并没有现今所谓的婴幼儿早教概念,唯一的"早教"设施就是一张能让孩子扶着站起来的站床。

第 11 章 轮回里看到自己

两岁，我进入工厂的幼儿园。三岁时又转进了爸爸单位的全托幼儿园，开始了一周 6 天的长期托管，每周只被接回家一天。在这期间，爸爸因工作调动去新疆油田半年，妈妈独自带我，因为妈妈的工厂离幼儿园很远，常常在周六去接我的时候，我已经被幼儿园老师带回她家了。

妈妈常回忆起送我去全托幼儿园的情景：我一路上都在哭、不愿意去，但只要踏进幼儿园的大门，马上就不哭了，自己跑进幼儿园，搬个小椅子坐下，满眼是泪地跟她道别："妈妈，再见。"

她还回忆说，有一次爸爸去幼儿园缴费，我刚好午睡醒来，隔着窗户看到了他，就光着脚丫从屋里跑了出来，也不理爸爸，径直往外跑。爸爸见状就追，追上以后一把揽起我，抱在怀里往屋里走，我立马泣不成声地说："爸爸，我改了。"妈妈说她一辈子都忘不了这件事。还有一次，我的手被一个同班的孩子掐下来一小块肉。妈妈询问怎么回事时，我说："那个孩子一边掐我，一边还盯着老师，不撒手。"

这些往事，若非妈妈偶尔提起，我其实是不记得的。那些在今天看来让人心疼的片段，在当时，并没有太多特别之处。但我想，这些经历一定也在我们这代人的心中刻下了印记，成了我们内心的"隐形图案"。

这些图案的正面，刻着"自律"和"懂事"。
我妈说，幼儿园的老师称我是她的"小助手"。那时的我不懂这是什么意思,坚持说自己是"小猪手"。每天去幼儿园时,妈妈都会给我准备一个小包,里面放着苹果和香蕉。等到周末的时候,水果几乎都烂了。妈妈问我为什么不吃,我说:"够不着,放在很高的地方,老师没给拿呢。"

在一次线下活动中,妈妈受"诺言老友记"的邀请,和大家分享一些我的童年经历。其间,一位"诺友"问妈妈:

> 教育理论中讲,孩子在幼年时期最好能跟妈妈在一起。但您的经历似乎不是如此,也依然培养出了优秀的一诺。这看似是两种矛盾的养育方法,它们背后统一的点在哪儿呢?一诺小的时候,您没有多陪陪她,会不会后悔呢?

我妈说:"**那时,我们是没太多选择的,只能在有限的选择里尽量看到好的一面。**确实,出于无奈,工作忙,幼儿园成了我不得已的选择,能帮我照顾孩子。但在当时的环境下,一诺所在的幼儿园在教育等各方面都挺规范的,能去那儿大家都挺羡慕。长托实际上是让她更早地进入了一个小型社会。这段经历,对她现在思考问题、理解别人的想法、考虑一件事情怎么能让别人接受,等等,肯定是有影响的。

"而且,我觉得,在幼儿园长托的那些年,一诺实际上是在抑制自己,她在观察老师、观察那些比她强壮的孩子,在想办法让自己尽量不吃亏。作为妈妈,我心里当然很难受,可自己还要工作,那就只能这样。对于有心人来说,这些经历,也会成为

第11章 轮回里看到自己

财富。所以，**如果无法选择，就不要纠结，尽量把经历转化成财富。**"

这种"抑制"其实一直都在，贯穿了我的整个童年。

7岁那年，妈妈有机会去德国深造一年，我搬到姥姥家生活。妈妈离开的那天晚上，以为我已经睡着了，在我脸上亲了一下便离开了。出门后想起忘带一件东西，回来取时，发现我躺在那里闭着眼睛流眼泪。

一年后，妈妈回国了。我、爸爸和其他几位亲人一起去机场接她。远远地，我看到妈妈出来了，她穿着时髦，留着比离开时长许多的头发，显得很陌生。我至今记得自己当时的心理活动，立马转过头去，假装没有看到她。

妈妈后来提起，那天和我拥抱的时候，看我的脸洗得挺白净，但脖子乌黑，脏兮兮的。

现在，写下这些时，内心还是会升起一股压抑感。

这种"压抑"和"懂事"，成了我后来"成就"的基础，但这些"懂事"，也是有代价的：

习惯性地忽视自己，
习惯性地取悦权威，
习惯性的实用主义，
习惯性地忽视情绪，
……

对我来说，这些"压抑"不是直接来自我的父母，而是源自童年成长的大环境。看到和释放这些"压抑"，也是我后来很多年里的功课。

"独立做决定"的少年

我上学时，没有专门选择过学校，也没有参加过补习班，除了小学时每周日参加少年宫的合唱团。和那个时候所有的孩子一样，直到初一，我才开始在学校接触英语，但真正意义上的英文学习，是从高中才开始的。因为我的初中英文老师口音很重，我完全听不懂他在说什么。但最终，该学会的我也都学会了。

现在，对于孩子的教育，大家都焦虑，觉得一定要早学，"不能输在起跑线上"。但是，很多学习跟早晚其实没有太大关系，孩子自主发展的空间反而更重要。我那时候学习状态的优势可能在于，没有那么大的同辈压力，我不觉得自己处于很"卷"的环境中。

我父母的婚姻并不幸福，争吵和冷战不断。12岁那年，妈妈有一次试探着对我说："丹丹（我的小名），你要是长大了该多好，那样妈妈就有很多话可以跟你说了。"我马上说："妈妈，我知道你过得不幸福，你和爸爸离婚吧，我们一起过。"

那一年，父母离婚了。妈妈后来说，我的表态是她做出这一决定的主要原因。**与其给我一个不幸福的、完整的家，不如给我一个虽不完整但幸福的家。**

她曾说："如果不是这样的女儿，也许我也走不出这一步，不

第 11 章 轮回里看到自己

一定会决定离婚。"

在《那些离婚教会我的事》(微信公众号"奴隶社会"曾发表的一篇文章)中,好友邱天描述离婚后的感受:"前面是一条黑暗而孤独的道路,我站在那路口,冷得发慌。"邱天尚且如此,更不用说在 1990 年,不到 40 岁的妈妈。在那样一个对离婚很不宽容的社会里,带着一个女儿,几乎净身出户,搬进了借来的房子,她要面对的黑暗、孤独和寒冷难以想象。

后来,我们也算是"颠沛流离",搬了好几次家。我妈是家里老大,那段时间我都借住在小姨家或舅舅家。所以,我印象中的"家"从未真正属于我们,因为搬家太频繁。那些年,唯一给过我稳定感觉的地方是姥姥家。姥姥家的小院子(现在也已不在)成了我少年时期流离生活的一块稳心石。

现在回头看,这段失败的婚姻,从开始到结束,妈妈肯定经历了许多痛苦。感情上不说,单是生活上的困难就俯拾皆是。那时家家用煤气罐,我们住的不是四楼就是五楼。我妈妈一米五的小个子,而我十二三岁,一个煤气罐我们俩怎么也扛不上去。每次煤气快用完时都不免发愁,因为又得麻烦别人帮忙背煤气罐了。现在回想起来,妈妈从来没有为这些事感到不快,她热情开朗、乐于助人,在工厂人缘极好。总有人愿意来帮忙,家里也因此经常挺热闹。

已经这样了,愁眉苦脸也没有用。用她的话说,"该干吗干吗"。现在想想，我妈这种对待失败的态度，也是我后来强大心理的很重要的一块基石。

在经历"该干吗干吗"4年之后，妈妈在42岁那年遇到了我继父，再婚了，现在想想也是很励志的一件事。那时候我16岁，正值有各种别扭的青春期，面对这个陌生男人也很无感。不过我也明白，结婚是妈妈的事情，她喜欢、高兴就好。我当时想着，不管怎样，妈妈老了我都会照顾。如果继父对妈妈好，我就当亲爸一起照顾；如果对妈妈不好，我也没有义务去尽孝。这些话，我好像很正式地和继父谈过。现在想想，那时候真是挺"小大人"的。

另一个自己做的决定，是关于我的名字——李一诺，这是我在16岁那年自己起的。妈妈再婚前更改户口本上的一些信息，我可以随妈妈的姓。借着初中升高中的当口，我就连名带姓一起改了。要是没有当年妈妈的离婚，也就没有今天的"李一诺"了。

回到前面说过的"压抑"，我是如何看到并释放的呢？这是一个成年之后向内看的旅程。我在《力量从哪里来》那本书里写到过，这里就不展开说了。

中年才能理解妈妈

我妈总说她小时候没怎么管我，所以我一直觉得自己是野蛮生长起来的，我后面的"成功"似乎也和妈妈没多大关系。但待

第11章 轮回里看到自己

到自己步入中年，有了自己的孩子后，我才深刻意识到，妈妈在"隐形图案"层面上，做了多么了不起的工作。

妈妈小的时候，姥姥和姥爷是典型的慈母严父。她说自己小时候特别害怕把碗打碎，因为姥爷肯定会大发雷霆。她告诉我，那时候她就下定决心，将来如果自己的孩子不小心打碎了碗，她不会发脾气。我小时候确实打碎过碗，妈妈也的确没发过火。

那时候，我觉得这很正常。但自己当了妈妈后，才了解人是多么容易不自觉地复制上一代的育儿模式，特别是那些我们自己曾经不喜欢的部分。在自己身上做出改变，下一个决心，打破某种行为模式，实在是一件极其难的事情，但妈妈做到了。能做到，就改变了"隐形图案"支配下的惯性养育。

我的姥姥也是一个例子。1923年，姥姥出生在山东新泰市黑山后将军堂村。在那个时代，女孩子通常是不被允许读书的，但村里陆续有了面向成年人的识字班。姥姥晚上偷偷跑去上课，学会了写字，一方面特别兴奋，另一方面又害怕让爸爸知道，因为教课的老师是个男的。

有一天，她用自己学会的字写了一张纸条揣在口袋里，紧张地和她爸爸说："爷（山东农村管爸爸叫'爷'），我想给你看个东西。"她递过去的纸条已经被手心的汗浸湿。她爸爸应该早就猜到了，问："你写的？""嗯。"她爸爸抽了一口烟斗，沉默半晌，又问了一句："老师是男的还是女的？"姥姥咽了咽口水，说："女的。"她爸爸没再说话，起身走了。姥姥知道这就是默许了，心里一方面是撒小谎的紧张，另一方面是得到默许的欣喜若狂。

姥姥讲这段经历时，对每个细节的记忆之清晰，我至今难忘。在那个年代，对于一个女孩子而言，**能有学习的机会是相当难得的一件事。**

也正因为姥姥小时候学习机会难得，她才下定决心让女儿们好好受教育。因此，姥姥在我心中绝对是倡导男女平等的典范。在山东的文化环境中，我妈妈和小姨都成为同龄人中的佼佼者，实属不易。我从小在家里接收到的信息就是：作为女孩子，我可以做任何事。

姥姥总是不加评判地接纳我们这些孩子。小时候，我特别讨厌寒暑假作业，总要拖到假期最后几天疯狂赶作业，做不完就着急。那些暑假的尾声，都是姥姥陪我坐在小院里的葡萄架下，头顶是绿茵茵的葡萄叶子，桌上摆着一盆切好的西瓜。姥姥会摇着大蒲扇，一边给我扇风，一边抱怨："学校布置这么多作业，孩子好歹放个假，搞么多作业干什么！"她从来没有责怪过我为什么没有早做计划。现在每每回想起来，我都会感到一种深深的被接纳的幸福。

我的姥姥和妈妈都是看到并改变了自己生命中"隐形图案"的人，我则幸运地成为直接受益者。从觉察到自身的"隐形图案"，到真正去改变它，是一件极小概率的事情。我便是这样两代人小概率事件叠加的幸运受益者。

这时候，你脑子里的"警察"可能跳出来了：

李一诺，你太幸运了，我就没这么幸运。

但我认为，姥姥和妈妈带给我的最大启示是：每个普通人，一旦意识到、觉知到，就可以做出改变。这种改变，哪怕需要很长的时间跨度，也终会带来正面的影响。

我妈妈的教育"三板斧"

第一板斧：抓大放小，让孩子自己做决定

虽然妈妈在职场上是个女强人，但生活中却从来不强势。

记得我小时候不愿吃药，她就会假装可怜，夸张地假哭："哎呀，孩子不吃药，我怎么办啊，愁死了！"我就会"大义凛然"地一口把药喝了。现在想想，这也算是对《游戏力》这本书核心理论的成功实践了。长大一点，我有了属于自己的零用钱，想买路边摊的衣服，妈妈总说："你喜欢就买。"买回来的衣服没几天就破了，以后我就不会再去买路边摊的衣服了。

从记事起，我自己的事都是自己做决定的：剪什么样的头发；穿什么衣服，穿多少衣服；吃什么，吃多少；更别提之后的上学、工作选择了。如今自己也当了妈妈，才明白妈妈能做到这些，其实并不容易。

有一次，妈妈在一场教育活动中被问及跟孩子沟通的经验，她就总结了一句：平等交流，共同成长。

她跟我的关系就是这样，平等又亲密。一直像朋友一样，无话不谈，没有居高临下的说教。十四五岁的时候，妈妈遇到了我的继父，她跟我说："你以后长大了会离开妈妈，妈妈就只有一个人了。"后来，她再婚了，继父对我挺好，但妈妈也不强迫我叫爸爸。在清华大学读书时，有次我在电话里叫了继父一声"爸爸"，妈妈说继父当时眼泪哗哗地就流了下来，这声"爸爸"对他们来说是惊喜。现在，即使工作再忙，逢年过节我都会去探望继父的父母——我的新的爷爷奶奶。这也得益于我妈一直和我的平等交流。

我们还经常讨论那些看似无解的问题。大学时，我有一段时间非常迷茫，对周围很多糟糕的社会现象都难以接受，于是和我妈讨论了这个问题。她认真想了想说："**再寒冷的冬天，也可以有一个温暖的屋子。我们可以去做那个生火的人，用一个火盆构建的环境，就可以抵御整个寒冬，不是吗？**"这句话我到现在依然受用。

第二板斧：遇事不怕，总可以重新开始
妈妈在化工厂算得上事业有成，同时还是市人大代表，看起来似乎未来一片坦途。然而，后来的发展充满坎坷。

我读高中的时候，由于工厂内部的一些问题，妈妈愤然辞职。这在20世纪90年代初也是让人匪夷所思的，从国营单位辞职，没了工资、待遇、房子、社保，几乎没了"一切"。那段时间，她在家待业，也没闲着，做了很多事情，现在想想都可以拍成电影了。

妈妈先是加入了一家意大利公司，负责化工产品的工作。她

第 11 章 轮回里看到自己

一边学意大利语，一边工作。可惜没过多久，意大利那边出了问题，公司因故倒闭。她又待业在家了，忙着织毛衣，做窗帘。我妈是个手巧的人，干一样像一样。不过那时候，我心里对她是有意见的，好好的副厂长、工程师不当，却要做这些针线活，觉得很丢人。

记得我曾建议妈妈去做德语翻译，总比织毛衣强。现在想想，那时候懂啥！社交圈子没了，四处都是等着看她笑话的人，生活没有着落，每月只有出项没有进项，离了婚，还有一个半大的孩子要养，她当时陷入窘境。但妈妈从来不跟姥爷、姥姥诉苦，在我面前也是一直乐观向上。

那时，我特别期望高中毕业后能获得被保送入清华大学读书，那样就能获得妈妈的奖励——去三峡玩一次。由于种种原因，三峡终是没能去成。多年后，我妈才告诉我，她在听到我决定不去的那一刻，如释重负。如果真的去玩，"哪有钱啊？但我又不忍心这么告诉你"。

后来继父成了北京一家报社的主编，我妈便陪着过来。全新的城市，无亲无故。妈妈和继父在南城租了一间半地下的小屋，生活清苦，晚上甚至有老鼠在床上爬。记得那时，我骑自行车去看她，路上得花将近两个小时。为了省钱，妈妈来学校看我，也从来没舍得坐过公交车。后来，我妈在报纸的招聘广告中寻得机会，找到了一份工作，一个月 2 000 块，那时候觉得工资好高。

但这份工作并不靠谱，仅做了一个月，妈妈又失业了。她随即又找了一份新的工作，在一所民办的旅游学院担任副院长。院长正是她之前化工厂的一位同事。那时候，我不懂这些复杂的社会关系。现在想想，对于一个曾经出国深造过的高级工程师，去为自己之前的下属工作，教农村来的学生如何端盘子、铺床叠被，在外人看来肯定是匪夷所思的选择，但妈妈高高兴兴地去了。直到现在，她依然非常感激这位同事的雪中送炭。

再然后，妈妈曾获得的德国留学奖学金项目的负责人联系到了她，发现她多年后的德语水平依然出色，便邀请我妈帮助这个项目在中国落地。从零开始，在人生地不熟的北京寻找办公场所，妈妈几年之后就把这个项目发展成了一个颇具规模的代表处，成了一个口碑很不错的办理德国留学的品牌。

但这份工作也没能走向一个美好的结局。8年后，妈妈不得不离开了这个自己一手创建的办事处。

一生的起伏波折，妈妈的工作似乎总是一份份落寞地结束。

好在她做留学工作的口碑很好，对学生无比用心，加上她一直喜欢德语，很多人都找她给孩子辅导德语。于是，她就开设了自己的德语班，专心辅导那些准备出国留学的学生。直到我家老三出生，她才正式"退休"。

当年，看着妈妈经历这些，我并没有觉得有多了不起。现在想想，她的每一步都充满了不易。

40多岁辞职，从高位跌落，生活的所有都需要重新开始，这背后得是怎样的一种豁达和勇气。

我曾问过她，不觉得不平衡吗？她说："想想自己当年下乡的日子，啥也没有，啥也不懂，所以现在的一切已经是赚的了，有什么不满足的？而且还去了德国、意大利，来了北京，多好

第 11 章 轮回里看到自己

啊!"她的低潮期前前后后持续了长达10年,经历了5次失业和5次转行。

回想起来,我从未看到妈妈真正低落过,至少没有让我看到。相反,她总爱说:"都已经这样了,想办法呗!"

有时候审视年轻时候的自己以及身边很多年轻的朋友,觉得多大年龄之前没做到什么,似乎很失败。其实,哪有什么大不了,人生随时都可以重新开始。

能做到这一点的基础,是不断学习的态度,也就是近年来被广为提倡的成长型心态(Growth Mindset),我妈其实很早就在实践了:她34岁被公派留学德国一年,从零开始学德语。当时的我7岁,看着她每天早上5点起来读课文、背单词,坚持了整整8个月。在结业口语考试中,她拿到了最高分1分(最低5分)。

那之后的每一次生活路径的改变,妈妈也都是重新开始学习。她常说的一句话,"不会,学就是了"。作为那个年代的职业女性,她给我的陪伴不多,教给我的养育观是:一个女人遵循内心的选择,并付出努力过好自己的生活,可能是对子女最正面的影响。

我也因此学会了坦然地告诉我的孩子们"妈妈很热爱工作",3个孩子也觉得妈妈努力工作天经地义。

那些起起落落的日子,现在写下来,似乎很悲惨,但在我的印象里,妈妈一直是高高兴兴的。每次去妈妈在南城的那个半地下室,总还能改善生活,比如吃鸡翅膀或鸭脖子。直到后来,妈妈才说,她总是等到店家快关门的时候去买,能便宜一半。

我后来创业做"一土",也经常觉得好难。不过想想当年我妈一个人,快50岁了,一个小个子骑着自行车在陌生的城市忙碌奔波,重新开始,就觉得自己面对的这些困难,都算不了什么。

现在回看,这应该就是父母可以给孩子的最大财富:富足的心灵,在任何困难和低谷面前都相信"我可以"的信念和行动力。父母无须说教,自己选择过怎样的人生,就是给孩子最大、最真实的力量。

第三板斧:爱要表达出来

妈妈出国那一年,每个月都会寄信给我。信里总会写"妞妞,我爱你"。

那时候,我看信会觉得好肉麻。如今回想起来,正是从妈妈那里,我学会了不羞于表达对孩子的爱。

当孩子跟我提出要求时,我有时会假装生气地说:"不可以,除非你满足我一个条件!"

孩子很紧张,问:"什么条件?"

我说:"让我亲你5次。"

孩子就会很高兴地把脸凑过来。

这样的互动,都是我妈妈当年对我表达爱时播下的种子。

♥ 说说心里话

那些回忆里的"珍珠"

这些年走过了世界很多地方，接触了各行各业许多杰出的领袖与人才。但，姥姥姥爷、妈妈小姨，以及去世了的婆婆，依然是我心中了不起、有故事的人。

有理想、敢担当、心地善良、热爱生活、不自我设限，是他们给我的最大的馈赠和财富。也许正是这一个个珍贵又普通的家庭信念的传承，我们的社会才让人感到格外温暖且充满希望。在这里分享一些让我记忆犹新的美好往事。

· **美好往事1**

担当和正义

提到女性，大家似乎都会想到"柔软"，但其实我认识的很多女性，都是"坚强"且有担当的。妈妈就是身边的一个。

妈妈在化工厂工作，硝基物和有机氟生产过程中易燃易爆。出事故时工人们往外跑，我妈妈却往里冲。别人都说，你傻啊，往里跑？她说，我是技术负责人，我不上，谁上？她在化工厂这么多年，有很多次死里逃生，也结交了许多过命的同事朋友。我只能说，好人，命大。

这些年也见证了太多生离死别。化工部四川研究院来厂里参加项目试车的一位工程师，爆炸的冲击波过来，他被仪器台冲撞到墙上，当场就去世了。他的爱人从四川赶来，带着丈夫生前最喜欢的音乐磁带和一件还没有织完的毛衣。没有歇斯底里、没有哀伤痛哭，她唯一的要求就是一台录放机和一张鲜花铺就的灵床。一连好些天，坐在丈夫的遗体旁，伴着优美的乐曲，一边织毛衣，一边和丈夫低声细语地"聊"着，直到把毛衣织完给丈夫穿上。

想想这些年，伴着工业发展，这一辈多少人付出了他们的青春甚至生命。不知道这位阿姨是不是还在世，生活过得怎样。这一辈人用自己的生命承受了粗放发展的时代，希望他们晚年能健康幸福。

• 美好往事 2

理想主义

和很多那个时代的人一样，妈妈是个理想主义者。而有理想主义情结的人，总会做一些别人眼里的"傻事"。

妈妈 16 岁下乡，19 岁进厂，带着"国家主人翁"的自豪感做了半辈子"革命的螺丝钉"，把青春献给了化工厂。后来工厂领导的有些做派我妈看不惯，又拧不过，选择了辞职。不仅没了工资，也没了社会保障，就连配发的煤气罐和袖珍计算器都得交

第11章　轮回里看到自己

还,"净身出户"。

我高中时期的老师后来说,当时的我跟她说:"我以后要让我妈过上好日子。"想想那时候生活的确艰难,那也的确是我的目标。

理想主义并不是空中楼阁,而是在看到不满意的事情时,会想办法行动。当然,一旦行动起来,就不免会有人议论。大家也许可以想象,随着我做的很多事情被越来越多的人知道,各种非议必然难免,网上各种批评驳斥的评论都有。一开始,我看到很生气,说给妈妈听。妈妈说:"你要是不做事,那就只有一个错,就是没做。你只要做事情,就有多于一个错。挑毛病谁都会,有啥了不起,真有本事就去做事情。问问自己,你会因为别人这样议论你,就不做了吗?"我说不会。"那咱不理他们,不让这些烂事浪费咱宝贵的生命。"

当然,理想很丰满,现实也会有骨感的时刻。每每遭遇挫折,碰到不认同的人和事,我也会气馁,而妈妈总是告诉我:"要允许别人作不同的选择。"

读大学期间,一次,生物系学习成绩排前三的同学得到了一家机构的奖学金。我心里酸酸的,跟妈妈说:"这奖学金只是看学习成绩,他们也不那么关心集体,不为集体做任何事,如果我只管学习的话也会如何如何。"

妈妈问我:"你是前三名吗?"

我回答:"不是。"

她问:"你愿意像他们这么选择吗?"

我说:"我不愿意。"

她说:"你不愿意这样选择,但是你应该尊重别人有自己的选择。人的选择只有一个原则,那就是你的选择不要伤害到别人,其余的不是你该管的事。"

这是我们经常烦恼的"如何改变他人"的问题。我妈妈给的答案是,"不改变"。这不是消极的不改变,而是意识到人能改变的只有自己,不要试图去改变他人。

自己的改变和对他人"不改变"的接纳,才是真正支持他人改变的条件。现在想想,当年的这些对话,都是充满智慧的。

关于婆婆和先生,也有两段温馨趣事。我在美国攻读博士学位期间,遇到了我的先生——华章。每当诺贝尔奖颁奖季来临,他总是笑着对我说:"一诺,我觉得你也可以。"这句话总是让我忍俊不禁。后来,当我决定不再从事科研工作时,他依旧鼓励我:"一诺,你还可以考虑诺贝尔和平奖。"

我的婆婆,华章的妈妈,是一位我非常喜欢的"非典型婆婆"。她有智慧,有爱,又幽默风趣,虽然身体有恙,但精神世界充满活力。她的存在总能让身边人看到自己更好的一面,每次与她交谈,我都能收获满满的希望和力量。

有一次,婆婆看了一部关于吴仪的纪录片。"一诺,我真的认为你有成为吴仪那样的人物的潜力。"她想了想又幽默地补充道,"哎呀,不过你有个申华章,他可能会拖你的后腿。"

这都是说笑。但是的确,从我自己的家庭到我先生的家庭,从来不认为女性就应该局限于家庭和育儿。这种信念和行动上的支持，构成了我们生活的背景色，非常珍贵。

- 美好往事3

生活多美好

妈妈在我的记忆里最深的瞬间，其实不是前面讲的这些"上进鸡血"，而是一件并不起眼的小事。

我在清华大学读书那会儿，我妈搬来北京，偶尔周末会从南城来看我，为了省钱，都是骑自行车来，得一个多小时。那时候，我和很多刚考入清华的学生一样，压力巨大，每天早出晚归，还是觉得学习时间不够用。

我妈来，我说压力好大，有做不完的事。她看着我满脸的愁苦，想了想，说了一句至今我依然记忆犹新的话，"哎，去它的吧，走，咱俩出去玩玩，放松放松"。

我们骑车往外走的时候，校园里，街边有人在卖猕猴桃。那时候猕猴桃还是挺稀罕的，卖十块钱一斤。我一直省得很，一顿饭也就花两三块钱而已（还记得那时候清华食堂的米饭一两一毛七，二两米饭加一个菜，两块多搞定），这种东西想都没想过。妈妈二话没说掏出钱，我制止道："妈妈，这么贵！"妈妈说："没事，我们又不是天天吃！"我们买了四五个猕猴桃，像两个小孩子一样坐在马路牙子上，剥着皮吃。后来，我们俩骑车去了天坛，从离开校门开始，我就像放飞的小鸟，那些压抑和压力，在我俩一路说说笑笑里都烟消云散了。

现在回想，那个周末——十块钱一斤的猕猴桃、遥远的天坛、小个子的妈妈骑着她脚尖勉强能到脚蹬的自行车，是我在清华大学求学时光里的一抹亮色和拐点。妈妈没有帮我想办法学习，而是带我出去撒野，现在想想，是多大的智慧。

妈妈还说过一件趣事。20世纪80年代初她去德国留学的时候，"超市""高速公路"这些词她和同去的中国同学们根本不知道是啥，都是从课本中知道的。所以初到德国大家闹了很多笑话。比如，骑着自行车误上了高速公路，还以为路肩是自行车道。

好多同学去买公共汽车月票时被要求填一张表格。按正常程序，应该是拿这张表格去申请月票。他们人生地不熟，每人填了一张表之后，以为就大功告成了，于是揣着这张表去乘公共汽车，上车后朝着司机挥舞一下，搞得司机丈二和尚摸不着头脑，满车乘客面面相觑。这样过了半个多月才回过味来，表格不是这么用的。还有同去的男生在超市看到画着狗头图像的狗粮罐头，误以为是狗肉，买回来做下酒菜。（你是不是和我一样笑喷了？哈哈！）

我曾经"不承认我妈对我影响很大"，是因为在我成长的过程中，一直觉得我和我妈是很不同的人：

我妈爱美，爱买衣服，喜欢穿得花里胡哨。我则偏爱中性风格，直到大学毕业都是短发，对戴首饰、扎耳洞一直觉得无法理解。

我妈是性情中人，花钱大手大脚，经常上当。她自己工资不高的时候，在医院门口看乞讨的孩子可怜，一下子给一百，后来

第 11 章 轮回里看到自己

发现是骗子。下次遇到类似的,还给。而我冷静谨慎,总觉得我妈的做法过于天真。

我妈做决定经常随心所欲,特别是在关键的大事上,说做就做,不顾后果。相比之下,我凡事会制订短期计划、长期规划,习惯三思而后行。

我妈看电影会被情节感动到旁若无人地哭个稀里哗啦。我也会被感动到哭,但哪能就这么让人看见!

在我十几岁的时候,妈妈常把"妞妞,我爱你"挂在嘴上,搞得我浑身不自在。我说:"你不能含蓄一点吗?"

……

穿过青春期的种种,直至步入中年,自己也当了妈,工作了多年,回顾自己的成长,才发现妈妈对我的影响之大。表面上,我和我妈似乎依旧有着诸多不同,但在更深层次上,我之所以能成为今天的我,是因为处处有我妈的影子。那些我小时候认为她"不靠谱"的做事方法,在不自知中,成了我后来做很多决策和选择的指导原则。

现在跳出来看,父母对孩子最大的影响,并非带着他们学习知识,也绝非讲人生道理,最重要的无外乎两条:一是给孩子提供一个自由成长的环境,二是用激情和热情过好自己的生活。

后来,妈妈退休了,来美国帮我带孩子。她每天上午都会去上英语课,每每有了一点进步,就开心得如同一个孩子。我早上开车送她去上课,看着她背着书包穿过马路、步入教室的身影,心中总会涌出一股莫名的感动。

妈妈喜欢做饭，每次在饭店吃到合口味的菜品，回到家就会琢磨，然后变戏法似的将它们一一复制出来。在美国期间，她总也闲不住，会包山东大包子和饺子。做多了，就送给大家吃，后来很多"中国胃"慕名而来，她索性就多包点卖钱。卖包子有了点小收入，这让她特别高兴，终于不需要"依靠"我生活了。

有了这点小钱，我妈在看孩子之余，开始去二手店淘宝，每看到一个可爱的小物件，就会两眼放光，跟个小女孩一样。现在，我家用的很多东西，还是我妈那时候淘来的。有段时间我挺崇尚断舍离，会觉得我妈为物质所羁绊。

但其实，有个每天看见个小陶瓷青蛙、看见一盆小花，就会眼里放光的妈妈在身边，何尝不是一种幸福？

或许，那些看到可爱的小物件眼里就会放光的妈妈们，她们的灵魂距离外部世界更近。社会赋予我们的所谓经验，往往让很多人的外壳变得过于厚重。能够直接展现其灵魂之美的人，真是无价之宝。

第 12 章
专治笑不出来

看到现在,很多道理我们也许都懂了,
但是,要每天笑出来,还是很不容易的!
这章内容轻松一点,当作每日提醒吧。
笑不出来的时候,可以翻到这里看一看。

今天,你大笑了吗

我们都期望孩子的大脑能够发育得全面、健康、足够好。
那么,对孩子大脑发育最有益的"营养剂"是什么?
答案其实出人意料地简单:**开怀大笑**。

对比各种高深复杂的育儿理念,这一条准则是不是瞬间让你觉得既无比清晰,又操作性极强?

所有的父母都想要照顾好孩子,我们会提前考虑孩子每天吃什么、穿什么、用什么、买什么。每天早上,我们都会尽力为孩子准备营养丰富的早餐：牛奶、蔬果、鸡蛋……却往往忽略了，孩子的内在也同样需要照顾，**而内在的照顾，就是从笑声开始的。大笑，就是最高级的精神营养！**

但是，生活这么忙乱，特别是早上，我们似乎总在赶时间，哪有心情大笑呢？为了让孩子早起，我们苦口婆心地和孩子讲："准时是好品质，迟到是不好的行为，要早起。""你看妈妈这么辛苦，起得比你还早，还得给你准备早餐，而你只需要早起。快起来吧！"

但这些，往往没多大作用。对 7 岁以下的孩子，你不妨这样试试：

在孩子床边，亲一下宝贝，说，
哎哟，宇宙飞船休息了一晚上，要准备起飞啦！
现在开始热身怎么样？
第一步，热身翅膀。这时候轻轻地从孩子的肩膀抚摸到手臂，还有翅膀尖尖（手指头）。
第二步，热身机身。顺时针抚摸孩子的小肚皮和背部。
第三步，热身废水废气废物排放口。拍拍孩子的小屁股，嘴里念念有词："哇，好臭！"也可以再夸张点，被"熏"得晕倒一会儿。

> **第四步，热身起落架。**抚摸孩子的两条小腿。
>
> **第五步，热身 10 兄弟**（我称他们的 10 个脚趾头为 10 兄弟）。一个一个脚趾摸过来，中间可以配上各种搞笑的情节。比如，一只脚数出了 6 个兄弟，然后若无其事地接着数，孩子一般都会咯咯地傻笑……接着，热身小脸，热身"探照灯"，扒开他们的小眼睛……这时候他们一般会忍不住地笑。
>
> **第六步，加油。**做出夸张的动作，往肚脐吹气，发出"咕噜咕噜"的声音。这种滑稽的举动通常会让孩子开怀大笑，然后就可以准备"升空"啦（抱起孩子，准备起床）!

这个宇宙飞船小游戏，看上去似乎很耗时，但其实只需 5 分钟，而且省去了大人反复催促的时间，灭掉了孩子的起床气。大人和孩子会变得更亲密、更开心。

孩子有要求？每次都答应

孩子向你提出要求的时候，说："当然可以啦！"

就说"要抱抱"这件事吧。孩子小的时候，总喜欢让大人抱在怀里，就像个小肉墩子。你好不容易放下他，没走几步，就又伸出两只小手："妈妈，抱抱。"可能很多父母那一刻和我一样，内心是崩溃的，不是刚抱过吗？

后来，我发现了一个特别好的应对方法——**每次都答应**。

妈妈，能抱抱我吗？

哇！当然啦！妈妈最愿意抱你啦，你是妈妈最爱的小宝贝！

但也不是一味地"顺应"，是有技巧的。"但是，妈妈稍微有点累，你说抱几下呢？"孩子一般情况下都会很快地说个数字。他说"20下"，你就说："1 000下吧！我想多抱会儿宝贝呢！"这样一来，孩子反而会想要早点下来。

大家应该看出来了，你的表达要向孩子传达一个信息：你特别爱他，特别愿意抱他。一旦他接收到这个信息，被抱的时间是否够久反而不再是他们关注的重点了。但如果他说20下，你说19下，他就更会让你多抱一会儿！

以上还有一个升级版。有时候，孩子没有主动提要求，你可以先发起请求："我可以亲亲你吗？可以抱抱你吗？"甚至追着他，"我好想抱抱这个小可爱啊。"孩子都会被逗得开心地逃跑。这样，原本可能带有些许抱怨和疲惫的"又让我抱"，就变成了一种特别幸福的互动。

所有这些，都是让孩子知道，**他们是被无条件爱着的，父母会给予他们充足的安全感。**

当然，我也会有生气的时候，但我始终会跟孩子表明："不管怎样，妈妈都爱你。"

记得有一次，我嫌他们刷牙太慢，刚要发火。女儿突然说：

第12章 专治笑不出来

"妈妈,你现在爱我!就算过一会儿你生气了,也爱我!"那一刻,我完败。

这时候,你脑子里的"警察"可能跳出来了:

作为父母,我们对孩子这么体贴入微,但现实社会并不总会这样对待孩子,孩子长大后可能因为缺少抗挫力而无法适应社会。对"一土教育",类似的质疑也常有:你们这么尊重孩子,但真实社会不是这样的,不培养孩子的抗挫力,孩子以后会无法应对现实的!

我觉得这是对"抗挫力"最大的误解。

让孩子能够应对"不友好"的,恰恰是他们接收到的无条件的爱和他们的自信。

做一个不太恰当的比喻,如果我们认为家外面有很多"刀子"可能会划伤孩子,我们有两种帮助孩子的方法。一种是让孩子拥有健康的体魄和恢复力,这样即使被划伤也能更快恢复;另一种是在家里提前"模拟"现实,每天用刀子划破孩子的皮肤,训练他们的"抗挫力"。你会选择哪种方法?

我相信没有人会选择第二种吧。为什么触及那些看不见的"刀子",就想不明白了呢?

孩子早期感受到充足的安全感和爱是无比重要的。那些获得了充分支持的孩子,不仅能更辩证地看待问题,也更有勇气和能力面对困境。

我们养育孩子，不仅是为了让他们去适应社会，更是为了使这个社会变得更美好，不是吗？拥有安全感的孩子，也会更有信心和能力去改变环境。

做父母，去第三层

做父母，有三层境界：

第一层，你是孩子，我是大人；

第二层，咱俩平级；

第三层，你是大人，我是孩子。

怎么去第三层呢？举个例子：

一迪刚去幼儿园的时候，和所有孩子一样都有分离焦虑，快要送到的时候，我会蹲下来，愁眉苦脸地对她说："一会儿你去了你的幼儿园，我也要去我工作的幼儿园了，如果我想你怎么办呢？我不想去我的幼儿园，我可以在你的幼儿园里上班吗？"她觉得好可笑，推着我赶紧离开。

我就模仿小宝宝的样子，撒娇地说："那你快亲亲我，抱抱我，再亲一个，再抱一个。"直到她催促我离开。这时候她觉得自己特别成熟和强大。

这就是会当"宝宝"的功效啦！

抱 20 次！亲 100 万次

前面提了，每天要抱 20 次。

除此之外，还要亲 100 万次！

记得抱孩子的时候说："我怎么这么爱你呀！你这个小脸蛋，妈妈要亲 100 万次！"

待孩子稍微大一点了，就可以一起做数学题：如果一共有 100 万次亲亲，亲 20 年，一年就要亲 5 万次，一年按 365 天算，一天得亲大概 137 次！啊，今天的亲亲次数还没达标呢！快来，亲一个！

手机屏保，换张"特别"的照片

一个小方法，你现在就可以做，把孩子还是可爱小宝贝时的照片设置为手机屏保。

每次快要生气时，看看这张照片，想想当初怀孕的时候，对即将出生的小宝宝的那份期待。

那时，我们的唯一期待，就是他们健康就好！

想想孩子刚刚出生时，我们对这个新生命的无尽的爱。

那时，我们肯定不会想，他的作业怎么还没写！

是吧？

经常回忆自己当时的心境，将这份温暖的心境带入和孩子的每一次互动中。这样做，会让我们自己处于更好的状态，孩子也能更深切地感受到你的接纳和爱。

我们家卧室的墙上，挂了 3 张大照片，都是孩子们还是小宝宝时拍的。

每次看到照片，都是生命之初的提醒。

▲ 生命之初的提醒

问孩子一个"神秘"问题

孩子，你怎么就选中我做你的妈妈呢？

我跟每一个孩子都有过这样的对话："在你还是天上的一颗星星的时候，怎么就选中了我做你的妈妈呢？你怎么就来我家了呢？"

这时候，孩子们总会发挥他们丰富的想象力，编各种故事，告诉你他们为什么能找到你。每次进行这样的对话都会觉得特别温暖，我和孩子的心里也都会充满对彼此的感恩。

"会出声的身体"

给孩子出一个有趣的挑战：按一下爸爸的鼻子，看看会不会发出奇怪的声音。

你可以先去按一下，让爸爸配合发出蠢怪的声音，孩子自然就会去模仿。

你接着说："想不想试试按肚脐眼会发出什么样的声音呢？"孩子通常会兴奋地去按。

你再说："爸爸刷牙洗脸的时候，会发出一种只有在卫生间里才有的声音，要不要试一下？"

这时候，爸爸就可以轻易地抱起孩子，刷牙去了。

有些累了？躺下来看看

第一次带孩子们去纽约大都会博物馆，我事先看了很多微信公众号的推文，搜集了各种高大上的攻略，精心准备这次难得的艺术之旅。然而，待我们真正走进博物馆后，发现完全不是我预想的那么回事。孩子们对墙上的钉子、地板上的格子更感兴趣，当然还有瞎胡闹。

深感汗颜的同时，发现并不只有我家的娃是这样，有一个美国孩子干脆直接躺在地上，看天花板。

这时候孩子的妈妈做了一件事，她蹲在孩子旁边，也看着天花板说："哇，你看到了什么啊，这么有趣？能给妈妈讲讲吗？"

小姑娘开始念念叨叨,妈妈一直在点头和赞赏。那个画面给我留下了特别深刻的印象。

我最大的收获就是,**常提醒自己,从孩子的视角看世界**。

闹矛盾了,"请你提个意见?"

做得好不好?孩子说了算。

我们对孩子做了一些事、说了一些话,而孩子的感受是什么我们并不知道,因此,也常常会心存疑虑。

后来我发现了处理这种疑虑的一个好方法——**让孩子告诉你**。

定期问反馈:你觉得妈妈哪里做得不够好?

有一次,孩子告诉我,我在每天晚上上床前,提醒他们刷牙洗脸的时候特别爱生气(是啊,晚上9点半还满地跑,能不急吗),我问他们觉得我应该怎么改进,他们提的建议是:"你可以在生气的前一刻给我们一个预警。"我暗笑,好贴心啊。我又问:"咱们的预警要用个什么暗号呢?"他们说:"你就说'我快变红了,火山要爆发了'!"

其实具体说什么不重要,**重要的是和孩子建立这个沟通通道和互动模式**。让孩子明白,有意见是可以提的!

让我选一个？我只选你

电影《疯狂假期》(Road Trip)中，有一幕让我的心温暖了很久。妈妈柔声对着她3岁的孩子说："如果把全世界3岁的小男孩排成一排，让我选一个，我依然会毫不犹豫地选你！"

这句话深深触动了我！那时候安迪5岁、鲁迪3岁，我向安迪表达："如果把全世界5岁的小男孩排成一排，让我选一个，我依然会毫不犹豫地选你！"然后对鲁迪说："如果全世界3岁的小男孩排成一排，让我选一个，我依然会毫不犹豫地选你！"

有一天，鲁迪突然用小小的手抱着我的脸，回应了我："妈妈，如果把全世界所有38岁的妈妈排成一排，让我选一个，我会毫不犹豫地选你！"

那一瞬间，我毫无准备，泪湿了眼眶。

试试比孩子还伤心

当孩子们因为这样或那样的原因陷入不良情绪时，我总提醒自己，感受他们的情绪，甚至要比他们更伤心。

鲁迪四五岁的时候，有一次回家路上捡到了一只蜗牛，特别开心。我走在前面，突然听到他在后面又哭又喊，回头一看，原来是蜗牛不慎掉在地上，摔碎了。我的第一反应是，这么点小事，有什么可伤心的呀？另外两个孩子已经朝前面走远了，我们得加快脚步呢……

但一转念，之前类似的失败教训太多，**这时应该顺应孩子的感受**。于是，我走到鲁迪身边，蹲下来，说："哎呀，真是太让人伤心了，我们的小蜗牛怎么就这样摔碎了呢？"我和孩子一起为蜗牛惋惜，表现得甚至比孩子还伤心，孩子感受到自己的情绪被接纳、自己被接纳，很快就释然了。

养育，学学农民

在养育孩子这件事情上，经常提醒自己，每个孩子都像一棵独一无二的种子。它们会先从左边抽芽，还是从右边抽芽，都有自己的方向和规律。我们是控制不了的。

我们能做的，就是给它们浇水，松土，搬走混在土里的大石块。

经常提醒自己，养育孩子更像是农业，而非工业。要多学学农民。

每一天都是新的开始

前面写过，我经常鼓励孩子们给自己一些真实的反馈。

几年前，我有一次寻求反馈时，安迪毫不留情地说："妈妈，你都当了9年妈了,怎么感觉还像个新手呢?"听到这话,我耷拉着脑袋,一方面不得不认同他的说法,另一方面琢磨着怎么反击。终于,灵光一闪:嘿,这毕竟是我头一次当9岁男孩的妈妈啊!完美反击!

安迪一时语塞,没法反驳这个事实。扳回了一局,得意,哈哈。

本来就是这样嘛,孩子每天都在成长,不要觉得我都当了多少年的妈妈了,好像就很有资历的样子,甚至有时候有了"倚老卖老"的资本。

其实孩子的成长,不管到几岁,每一天都是新的。

孩子会有新的情况、新的问题、新的状态。我们能做的,唯有不断地提醒自己:**每一天都是新的,每一刻都可以重新开始。**

当然这句"每一刻都可以重新开始",也是给自己打气的重要"工具"。

我们总会做错,会处理得不好,会后悔。

做错了,没事,提醒自己,每一刻、每一天都是新的,都可以重新开始。

最后,幽默一下

1919年,胡适的大儿子出生,取名"祖望"。初为人父的胡适开心之余,也陷入沉思:该如何教育娃好呢?略加思索,先生

提笔写下一首短诗,震惊当时的教育界。百年过去,现在读来仍觉闪耀着人性的光辉,在这儿简单摘抄几句如下:

> 我只是碰巧成了你的父亲,
> 你只是碰巧成了我的孩子,
> 我并不是你的前传,
> 你也不是我的续篇。
> 你是独立的个体,
> 是与我不同的灵魂;
> 你并不因我而来,
> 你是因对生命的渴望而来。
> 你是自由的,我是爱你的,
> 但我绝不会"以爱之名",
> 去掌控你的人生。

多伟大的父亲啊。
然而等到孩子长大了,发现不是这样了:

> 祖望:
> 今近接到学校报告你的成绩,说你"成绩欠佳",要你在暑期学校补课。
> 你的成绩有8个"4",这是最坏的成绩。你不觉得可耻吗?你自己看看这表。
> 你在学校里干的什么事?你这样的工课还不要补

第 12 章　专治笑不出来

课吗？

我那一天赶到学校来警告你。叫你用功做工课。你记得吗？

你这样不用功，这样不肯听话，不必去外国丢我的脸了。

今天请你拿这信和报告单去给倪先生看，叫他准你退出旅行团。退回已缴各费，即日搬回家来，七月二日再去进暑假学校补课。

这不是我改变宗旨，只是你自己不争气，怪不得我们。

爸爸十九，六，廿九

——《胡适遗稿及秘藏书信》，第 21 册

哈哈哈哈哈……

我的真相呢，其实更可笑。
2023 年 11 月 14 日，
这本书的第一稿昨天交出去了。
早上醒来，先去楼下超市买东西，做早饭，然后叫孩子们起床。
叫好几次，没起，
我继续忙，
孩子们起来了，
坐下吃饭。

我接着忙孩子们要带的午饭和水果，

在超市买的东西放在客厅靠近厨房的地上，一早上争分夺秒，还没来得及收到冰箱里。

突然听到一声响，安迪走过的时候，踩到了一瓶刚买的纸盒牛奶。

盒子被踩破了，牛奶汩汩往外冒，

我赶紧关了炉火，拾起牛奶盒，然后擦地，

安迪愣了一会儿后，也跟着擦。

我开始脑补，

看到地上的塑料袋，没想着帮我放到冰箱里，就这么跨过去了？

突然觉得很恼火：

"妈妈早上做饭，来不及收的东西，

没有人想着帮妈妈收起来，你们就这样跨过去，

这些家务事就应该妈妈一个人干吗？"

这时候，鲁迪和一迪坐着吃饭，很紧张，

鲁迪站起来说："妈妈，我早上叠被子啦！"

一迪没说话。

我看了一眼家务排班表，谁倒垃圾？昨天为什么没有倒？

一看是安迪，

安迪收拾完正准备出门，

"安迪！倒垃圾！"

我大喊一声。

第 12 章　专治笑不出来

安迪回来拿着垃圾就出门了，连"妈妈，再见"都没说，
鲁迪和一迪也出溜出溜很快吃完，去刷牙洗脸。
我还没回过神，也都走了。
回头一看，
一迪和我联系的小工具没带，
鲁迪的外套没穿！
我早上下去了，知道今天很冷，
拿着追出去，孩子已经乘电梯走了。
算了，不追了，
心里一阵五味杂陈。

孩子的学校离家很远，从学校走到地铁站要 15 分钟，
鲁迪今天放学后有篮球课，晚上更冷了。
来不及深呼吸，赶紧转动脑筋想办法。
给另一个去上篮球课的孩子的妈妈发信息，
问可不可以晚上给鲁迪带一件外套。
她马上回复说"没问题"。
松一口气。
一迪今天先去打网球，之后去打篮球，但从网球场到篮球场她还没记住怎么走。赶紧跟另一个妈妈联系，能不能在一迪打完网球后去接她一下。她说自己那时候有会，但她可以问问她老公是不是可以。
一会儿她回复，老公可以去接。
我一阵感谢。

这一边算安排完了,
又想着安迪回来的时候,鲁迪、一迪回来的时候,
我该怎么修复……

这才是做妈妈的真相啊,
一地鸡毛,
高速旋转,
一边无比懊恼、内疚、自责,
一边又不能耽误解决问题。

唉,
不过,
安慰自己,
知道要修复,
也大概知道怎么修复,
所以也不能算太糟糕吧。

安迪回来,我准备和他说说,早上妈妈情绪失控,不是他的错。
鲁迪、一迪回来,我准备告诉他们,
今天毛绒玩具集体飞起来,把我臭骂了一顿!
我想,
他们会笑着原谅我吧?

第 12 章　专治笑不出来

● 说说心里话

时光的缝隙里，那耀眼的光

写于 2021 年 11 月 11 日

现在回看，我妈妈就是一个符合"大逆不道"标准的妈妈。

这是 2021 年，我在妈妈 70 岁生日的时候写给妈妈的一首长诗。

01

一直想写些什么
但又不敢抬笔
因为生日是高兴的日子
而一写，眼泪就会淌
虽然是出于喜悦
但是总觉得，让人流泪
是不是没有必要

笑得出来的养育

现在我在屋里,你在屋外
隐约听见你
在一遍一遍地大声读英文
知道你肯定又是
戴着花镜,对着视频
一脸认真的模样
和你 32 岁学德语
早上五点爬起来背单词的时光
没什么两样

你得意地告诉我
你是英语班上最好的学生

妈,你不说,我也知道

你近乎虔诚地对待每一件新事物
不管是小学生的你,还是老学生的你
这是你从时光的缝隙里,透出的耀眼的光

02

姥姥给我讲,她怀你 8 个月
在狭小的过道里被挤了肚子,早产生下你

第12章　专治笑不出来

泰安的冬天，受凉出疹子，奇痒无比
用了偏方草木灰抹，才慢慢好
你生我的时候，又是冬天
冷风冷水，和你给我做的小衣裳
姥姥正发愁没钱给你买东西
竟在公交车站捡到了两块钱，如获至宝
我想女性真是不容易
这样一代一代
不管多恶劣的条件
都用自己的生命，孕育下一个生命的光
姥姥给我讲
你三四岁的时候
在瓜地里吃瓜撑得走不动路的可爱模样
也告诉我，你为了给两岁的弟弟"报仇"
把小手指伸进坏孩子的嘴里，抠出血来

你说，你那时候可"厉害"呢

妈，你不说，我也知道

因为你后来
也很厉害
总是爱憎分明，该吃就吃，该骂就骂
认准的事，说干就干

那股子精气神
是你从时光的缝隙里，射出的耀眼的光

03

你的小学同学
一家人糊火柴盒为生
你去看她，才知道济南的百姓人家
竟然这么穷
你于是央求姥姥给同学交书本费
堵在门口，不依不饶
姥姥没办法，答应年年付
你好高兴，帮上点忙

几十年以后，姥姥住院
你在医院门口
看到跪在那里"为妈妈讨钱治病"的小姑娘
你自己也拮据
但一下就给了一张100元大钞
大家都说那是骗人的，她一天换一个地方
果真，有人在别处看到了小姑娘

你说，你知道了

但当时看到小姑娘的样子
想到自己的妈妈,就是受不了

妈,你不说,我也知道

你一直就是这样,心地善良
对需要帮助的人
尽己所能,慷慨大方
那份哪怕被骗也执着的善良
是从你生命的缝隙里,发出的耀眼的光

04

你上的中学,在济南老城
泉眼和石匾,早已无处寻找
和多少老城市的记忆一样
被历史的车轮,无情地碾压掉
你说你的女老师穿着旗袍
不知道后来,她怎么样
16岁的你,注销了户口上山下乡
和所有当时的年轻人一样
抱着改造社会的理想
几十年后,你说起当年下乡的朋友们

多少才华横溢的青年男女
有的回了城，有的留在了那里

你说那时和现在，都看到很多事
让人愤怒，压抑，彷徨

妈，你不说，我也知道
公平正义
是所有善良的人都期望的社会的模样
不放下这彷徨
也许就是荒唐年代的缝隙里，还可以发出的微光

05

你是幸运的，从乡下到了工厂
又成了工农兵大学生
那时候的人生没有选择
别人给你选择好了，你只能选择努力
到了工厂，从工人干起
车间主任，工段长……
我记得你的办公室
就在厂区那些大罐旁边的一排小平房里
就是在那里，你天天加班

第12章 专治笑不出来

我的童年
说实话，对你没有什么印象
你说你也觉得挺对不住我

妈，你不说，我也知道

我后来自己做了妈妈
知道当你有了工作的责任
那无法平衡的时光
你对工作的认真投入
是那些时光的缝隙里，透出的耀眼的光

06

后来你有机会
学德语，去德国
在那个闭塞的时代
一定是命运的眷顾吧
你一早就骑车出门学习
背单词，上课
一年之后成绩优秀，去了德国

你说"超级市场""高速公路"都只学过单词

没见过模样
同学们高兴地买了"狗肉",却发现是狗粮
让下酒的计划泡了汤
笑话百出,是80年代留学生的日常

你说很多同学想办法留在德国
而你从来没有那样想过

妈,你不说,我也知道

你的原则很简单
承诺的就要做到
要不然,对不起厂里的乡亲父老
物质和利益,对你从来都不那么重要

你回到工厂,做工程师
一个女中豪杰的形象
不只是形象
因为,你就是啊
5 000人的化工厂
你做到了总工程师
对哪个年代的女性,都是了不起的榜样

化工厂一声巨响

第 12 章　专治笑不出来

升腾起满天浓烟
大家都哭喊着往外跑
唯独你
戴着头盔，逆着人流，跑进去看现场

我问，你不害怕吗
你说，你是总工程师，你不去谁去
那时候，真的没工夫害怕

妈，你不说，我也知道

你一直就是这样
侠肝义胆，热血衷肠
这份侠气
是你在岁月的缝隙里，射出的耀眼的光

07

但你的婚姻也走到了尽头
你在乎的他不在乎，他在乎的你不在乎
这样的婚姻，最好收场
收场没那么容易
迎面而来的是羞辱和中伤

但是你笑笑，说老娘 move on
妈，这 move on
就是你在时光的缝隙里，射出的耀眼的光

之后的 4 年，一点也不顺利
你辞了工作，没了房子，没有钱
90 年代，40 岁，离异女性，一个孩子
几个词在一起，拼出了绝望
头疼的事很多
扛个煤气罐，也得找人帮忙

但是你从来没有什么绝望
你说既然这样了，该干吗干吗
你学意大利语，到旅游学院帮忙
但还是没事的时候多，你就在家织毛衣
你说周二下午最难熬
因为那个时段，所有电视台都停播

但我的记忆里
你从来没有过低落，每天高高兴兴
现在想想，真没那么容易做到
不管在什么境遇里，都保持乐观和自信
是在你时光的缝隙里，射出的耀眼的光

08

后来你遇到了新的爱人
42 岁又步入了婚姻的殿堂
想想，真是很励志的经历呢

你们来了北京
住南城的地下室
你告诉我肉太贵
下午 5 点多去买鸡翅鸭脖，可以半价包圆收场
不知道该哭还是该笑
我想应该是笑吧

你来清华看我
为了省钱不坐公交
骑自行车，要近两小时才到
我说在学校压力太大了
你说"去它的吧""走，咱俩出去玩玩"
校园路旁有卖猕猴桃
我说没吃过，要十块钱一斤，好贵
你说不要想什么贵不贵，咱又不是天天吃
于是你和我坐在马路牙子上
破自行车停在一边，吃了"昂贵"的猕猴桃

你说那时候真没钱

妈,你不说,我也知道

从来都是拮据,我当然知道
但你那一句"去它的吧"和那四五个猕猴桃
在我青涩岁月的缝隙里,射出了耀眼的光

09

这时候命运又想起了你
远方伸来了橄榄枝
你有机会在北京开始新的事业
你一个人骑辆自行车
在偌大的北京城,东奔西跑
从零开始,有了业务,有了朋友
做得像模像样
所谓白手起家,也就是这样吧
不知道德国大使馆的参赞
还记不记得
那个总骑着自行车去递材料的"小个子老姑娘"
你说你那时候,天不怕地不怕

第12章 专治笑不出来

妈,你不说,我也知道

因为你一直就是这样
从来没什么恐惧
哪里都可以重新开始
哪里都可以是一片新天地
你的这份勇气,是我收到的最宝贵的财富
是你从岁月的缝隙里,射出的耀眼的光

10

我出国,读书,工作
你工作,忙碌,退休
我们有了大宝、二宝、三宝
每个宝
你都和小姨在中国和美国轮番帮忙
有这样的姥姥和姨姥姥
他们是天底下最幸福的宝
不知道他们什么时候,能够知道

你们轮班
因为还有我的姥姥
你们六七十岁了,但也还是孩子啊

7年时间,床前床后
一边是生命的开始,一边是走向消亡
含饴弄孙,至亲亡故
人生的左右撕扯
五味杂陈,不过如此吧

这些年
你的亲友们也老了,有的走了
看着当年的亲友
变成了墓碑前的一张张遗像
常常回忆,是无价宝
那些看似平凡的往事
那一切为了尊严的拼搏
是你们这一代人
在时光的缝隙里,最耀眼的光

11

疫情让生活重新归零
你成了伙夫,我成了车夫
70岁的你
开始了新的生活
厨房和花园,都变成了你的魔法学堂

第 12 章　专治笑不出来

每天变出来美味佳肴、大葱蒜苗
生活无非是一草一木、一餐一饭
因为有能干的姥姥
孩子每天有可口的饭菜，像草一样疯长
前几天，要照相
你举着相机，戴着花镜
那认真研究的可爱模样
看得我笑出了声
拍下来给你看，你也笑岔了气

笑完你说，你不想变老
看东西要戴花镜，走路要拄拐棍，浑身常有毛病
看镜子里的自己，人老珠黄

妈，你不说，我也知道

身体的衰老不可逆
但是你的笑，和年轻时候一模一样

小时候，觉得你是一堵乐观而坚实的墙
有什么问题，都可以倚靠
似乎无坚不摧，永不会倒
我大了，你老了
懂得了生命的脆弱

哪有什么无坚不摧，哪有什么永不会倒？

你无非是在生活的不堪里
从不妥协
一定要活出她最美的模样！
这模样
就是在时光的缝隙里，那耀眼的生命之光

祝亲爱的妈妈 70 岁生日快乐！
每一天，都开启生命的新篇章……

爱你的女儿

了不起的努力

—— 写在最后 ——

做父母,

本就是天底下最难的工作,

而这个工作,从来不是在真空里完成的。

复杂的社会环境,历史的印记,让本就极难的事情,难上加难。

这本小书所涉皆是我们作为个体能做之事,

但其实大的社会环境在影响着每一个人,

而这个大环境,距离对儿童友好,似是还有很长的路要走。

所以,笑出来哪有那么容易?

当然,

明了艰难,并不意味着我们就此放弃努力,

而是看到自己在如此复杂的环境下做出的努力,

是多么了不起。

所以我们要养成的一个习惯，
就是给自己加油，
给同行的人加油。
从自己开始，从现在开始，
从一件小事开始，从一句话开始，
从对孩子的一个笑容、一个拥抱开始，
从一个念头开始。

一念转，一切都可以不同。
可以笑得出来，笑得真心。
而每一个真心的笑，都像投入湖心的小石子，会泛起涟漪。
你不知道，谁会被这涟漪触动，
也漾出了笑容。

附 录 ——

给宝贝的一首小诗

▲ 一诺手写诗稿

宝贝，你是那么小
小脸可以在妈妈的手掌里沉睡
小脚可以在妈妈的食指上舞蹈
妈妈都快忘记了，新的生命是那么脆弱和细小

宝贝，你又是那么大
大到妈妈不知道你的世界会是什么样
你会拾怎样的贝壳，摘怎样的星星
你会遇到什么样的爱，有怎样的秘密

但不管怎样，妈妈的爱总在这里，近近的或远远的
看你用你的小脚，去丈量你的世界

2014.2.12
我们的女儿，昨天晚上顺利降生了，母女平安！

♥

今天是新的一天,这一刻是新的一刻。
孩子是一个新的孩子,我是一个新的我。

生命本轻盈,
当我们有机会瞥见真相,就知道:
我们随时可以选择不一样。

你上一次和孩子大笑,是什么时候?
不如,试试,
今天?

未来，属于终身学习者

我们正在亲历前所未有的变革——互联网改变了信息传递的方式，指数级技术快速发展并颠覆商业世界，人工智能正在侵占越来越多的人类领地。

面对这些变化，我们需要问自己：未来需要什么样的人才？

答案是，成为终身学习者。终身学习意味着永不停歇地追求全面的知识结构、强大的逻辑思考能力和敏锐的感知力。这是一种能够在不断变化中随时重建、更新认知体系的能力。阅读，无疑是帮助我们提高这种能力的最佳途径。

在充满不确定性的时代，答案并不总是简单地出现在书本之中。"读万卷书"不仅要亲自阅读、广泛阅读，也需要我们深入探索好书的内部世界，让知识不再局限于书本之中。

湛庐阅读 App: 与最聪明的人共同进化

我们现在推出全新的湛庐阅读App，它将成为您在书本之外，践行终身学习的场所。

- 不用考虑"读什么"。这里汇集了湛庐所有纸质书、电子书、有声书和各种阅读服务。
- 可以学习"怎么读"。我们提供包括课程、精读班和讲书在内的全方位阅读解决方案。
- 谁来领读？您能最先了解到作者、译者、专家等大咖的前沿洞见，他们是高质量思想的源泉。
- 与谁共读？您将加入优秀的读者和终身学习者的行列，他们对阅读和学习具有持久的热情和源源不断的动力。

在湛庐阅读App首页，编辑为您精选了经典书目和优质音视频内容，每天早、中、晚更新，满足您不间断的阅读需求。

【特别专题】【主题书单】【人物特写】等原创专栏，提供专业、深度的解读和选书参考，回应社会议题，是您了解湛庐近千位重要作者思想的独家渠道。

在每本图书的详情页，您将通过深度导读栏目【专家视点】【深度访谈】和【书评】读懂、读透一本好书。

通过这个不设限的学习平台，您在任何时间、任何地点都能获得有价值的思想，并通过阅读实现终身学习。我们邀您共建一个与最聪明的人共同进化的社区，使其成为先进思想交汇的聚集地，这正是我们的使命和价值所在。

CHEERS

湛庐阅读 App
使用指南

读什么
- 纸质书
- 电子书
- 有声书

怎么读
- 课程
- 精读班
- 讲书
- 测一测
- 参考文献
- 图片资料

与谁共读
- 主题书单
- 特别专题
- 人物特写
- 日更专栏
- 编辑推荐

谁来领读
- 专家视点
- 深度访谈
- 书评
- 精彩视频

HERE COMES EVERYBODY

下载湛庐阅读 App
一站获取阅读服务

图书在版编目（CIP）数据

笑得出来的养育 / 李一诺著. -- 杭州：浙江教育
出版社，2024.6（2024.12重印）
ISBN 978-7-5722-7901-0

Ⅰ．①笑… Ⅱ．①李… Ⅲ．①家庭教育 Ⅳ．①G78

中国国家版本馆CIP数据核字(2024)第100842号

上架指导：家庭教育

版权所有，侵权必究
本书法律顾问　北京市盈科律师事务所　崔爽律师

笑得出来的养育
XIAO DE CHULAI DE YANGYU

李一诺 著

责任编辑：李　剑
美术编辑：韩　波
责任校对：傅美贤
责任印务：陈　沁
封面设计：湛庐文化

出版发行	浙江教育出版社（杭州市环城北路177号）		
印　　刷	唐山富达印务有限公司		
开　　本	880mm ×1230mm 1/32		
印　　张	10.75	字　　数	231千字
版　　次	2024年6月第1版	印　　次	2024年12月第4次印刷
书　　号	ISBN 978-7-5722-7901-0	定　　价	79.90元

如发现印装质量问题，影响阅读，请致电010-56676359联系调换。